Für die
Freude
entscheiden

Kay Pollak

Für die
Freude
entscheiden

Gebrauchsanweisung
für ein glücklicheres Leben

Aus dem Schwedischen
von Knut Krüger

südwest

*Man kann dem Menschen alles nehmen,
nur nicht: die letzte menschliche Freiheit,
sich zu den gegebenen Verhältnissen so
oder so einzustellen.*

nach Viktor Frankl, Auschwitz-Überlebender

Inhalt

Vorwort   9

An den Leser   11

BUCH 1
Grundkurs

Prolog   15

Wer bin ich?   17

Eine uralte Wahrheit   19

Meine Gedanken haben gestalterische Kraft   21

So, wie ich denke …   23

Gedanken sind »ansteckend«   25

Der Pygmalioneffekt   27

Pygmalioneffekt 2   29

Gedanken sind aufschlussreich   31

Gedanken sind aufschlussreich 2   34

Sich für Gefühle entscheiden   36

Glück   39

Es gibt andere Möglichkeiten   41

Erzogen zum Unglück   44

Wer will ich sein?   46

Zwei Gesichter   48

Niemand kann mich verletzen   51

Niemand kann mich verletzen 2   53

Nicht mehr so verletzbar sein   55

Reflexionen   59

Hilfe! 62

Die Wahrheit sehen 64

Sich für Frieden und Freude entscheiden 65

Darf man nicht zornig werden? 67

Meine »Bretter« – eine Übung 69

Katastrophe oder Möglichkeit 71

Tag für Tag glücklich sein 74

Sich für das Glück entscheiden 78

BUCH 2
Über Projektionen

Ein allgemein üblicher Kniff 83

Angriffe erzeugen Unglück 85

Eine Projektion 86

Nicht deine Schuld 89

Eine wichtige Erkenntnis 91

Wenn du nur … 93

Noch eine Projektion 95

Keine Selbstverleugnung! 99

Ich will recht haben! 100

Befreit 102

Erwachsen werden 104

Mein Ego 106

Das Ego überlisten 108

Wahrheit oder Illusion? 109

Checkliste 111

Opfer oder Gestalter 112

Sich entwickeln   113
Zwei alte Tafeln   115

BUCH 3
Sich daran gewöhnen, seine eigene Größe zu erkennen

Die eigene Größe erkennen   121
Mein Selbstwertgefühl   123
Wie sehe ich mich selbst?   126
Angst vor der eigenen Größe   129
Visualisieren Sie Ihre Größe   131
Visualisierung   133
Wir sind ungeheuer kraftvoll   136
Vier Merkmale   138
Die Vision von mir in einem Jahr   140
Ein Wunder   143
Wir lehren ständig   146
Ein zuverlässiges Signal   147
Augenblicke der Größe   149
Änderungen im Geiste   151
Beachten Sie!   154
Von seinem Feind lernen   155
Eine alte Zen-Überlieferung   158
Wer bin ich?   160
Ihr angeborenes Recht   162

BUCH 4
Über Verachtung und Mobbing

Verachtung   167
Intoleranz   169
Eine Möglichkeit, die ich habe   171
Ein einfacher Beweis   172
Mehr über Verachtung   174
Verachtung – eine Übung   177
Mobbing   179
Wenn Angst und Liebe sich begegnen   184
Wenn Angst und Liebe sich begegnen 2   188

BUCH 5
Abschlusskurs

Eine unheimliche Entdeckung   195
Seine Überzeugungen ändern   199
Mama   201
Vier Schritte zum Verzeihen   206
Ein Beispiel, wie man sich verzeiht   210
Sich für die Freude entscheiden   215
Die Dunkelheit besiegen   217

Impressum   224

Vorwort

Dieses Buch zu schreiben, das Sie nun in Händen halten, war einst eine absolute Notwendigkeit für mich.

Vielleicht war ich es selbst, der dieses Buch am dringendsten benötigte. Als Filmregisseur musste ich stets mit anderen Menschen zusammenarbeiten, und allzu oft war diese Zusammenarbeit von persönlichen Problemen und Konflikten geprägt. Häufig dachte ich mir: Wie führen sich »die anderen« denn schon wieder auf! Natürlich gab ich immer »den anderen« die Schuld und war unglücklich darüber. Ich begann mich nach einer anderen Arbeits- und Lebensweise zu sehnen. Es musste doch eine bessere Art geben, dachte ich. Es war die Sehnsucht, mich besser zu fühlen. Ich wollte öfter und länger echte Freude empfinden – sowohl in meinem Beruf als auch im Privatleben.

Also setzte ich mich hin und begann dieses Buch zu schreiben. Ich hatte mir vorgenommen, mich darin klar und verständlich auszudrücken. Ein Ratgeber für ein besseres Leben sollte es werden. Ein Buch für alle! Die Arbeit daran nahm über vier Jahre in Anspruch. Die erste Fassung hatte 800 Seiten! Mit Hilfe meiner geduldigen Frau Carin, die Journalistin ist, gelang es mir, den Umfang auf gut ein Viertel der ursprünglichen Textmenge zu reduzieren. Noch heute lese ich oft selbst in meinem Buch, und weiterhin ist es mir von großem Nutzen.

Seitdem das Buch im Jahr 2001 erstmals in Schweden erschien, erlebt es ständig neue Auflagen. Im Lauf der Jahre habe ich Tausende Briefe und E-Mails dankbarer Leser erhalten, die mir schrieben, welch großen Einfluss die Lektüre von *Für die Freude entscheiden* auf ihr Leben hat. Sie berichten, dass sie allmählich gelernt hätten, Entscheidungen zu treffen, die mehr Glück und

Freude in ihr Leben bringen. Die meisten Leser erzählen davon, wie sie gelernt haben, in jeder Situation ihres Lebens, ja in jedem Augenblick, eine Entscheidung zu treffen. Die Entscheidung darüber, sich entweder als Opfer oder aber als verantwortungsvolles Individuum zu betrachten. Dinge, die ich erst begriff, als ich längst erwachsen war.

Während der Arbeit an meinem Buch wurde mir klar, dass nahezu alles, was mich daran hinderte, Glück zu erleben, in meinem Inneren lag. In meiner Art, über mich und andere nachzudenken. Es waren nicht die Ereignisse, die mir Probleme bereiteten – sondern meine Art und Weise, mit ihnen umzugehen. Heute weiß ich, dass es möglich ist, anders denken zu lernen. Jede Veränderung beginnt mit meinen Gedanken.

Nachdem ich das Buch beendet hatte, setzte ich meine Arbeit als Filmregisseur fort. In den Jahren 2003–2004 entstand der Spielfilm *Wie im Himmel*. Gemeinsam mit den Schauspielern hatte sich das gesamte Team von Anfang an vorgenommen, jeden Tag Qualität zu schaffen und Freude bei der Arbeit zu empfinden. Und es gelang uns tatsächlich. Ohne das Buch *Für die Freude entscheiden* wäre der Film niemals so erfolgreich geworden. In Schweden brach er alle Publikumsrekorde und wurde in der Kategorie »Bester ausländischer Film« für den Oscar nominiert. In Deutschland wurde er im Jahr 2006 auf der Filmkunstmesse Leipzig ebenfalls als »Bester ausländischer Film« ausgezeichnet.

Es ist mir eine große Freude, dass dieses Buch nun erstmals in deutscher Sprache erscheint.

Ich wünsche Ihnen viel Freude beim Lesen.

Die allerbesten Wünsche
Kay Pollak

An den Leser

Für die Freude entscheiden handelt davon, zu wachsen und sich zu entwickeln. Das Buch will Ihnen Fertigkeiten vermitteln, die Sie in die Lage versetzen sollen, Ihrem »wirklichen Ich« näherzukommen. Sich selbstbewusster und mutiger zu fühlen, glücklicher, spontaner und vitaler zu sein. Tag für Tag, Woche für Woche …

Das Buch zeigt Wege auf, wie sich das Leben verbessern lässt, und zwar sowohl im Umgang mit sich selbst als auch mit anderen. Wie Sie Ihren Mitmenschen leichteren Herzens entgegentreten, mehr Spaß haben, öfter lachen, sich heiterer, glücklicher und freier fühlen. Weniger verletzlich werden. Kurz gesagt: mehr Freude am Leben haben.

Für die Freude entscheiden richtet sich an alle, die sich selbst kennenlernen und in der Begegnung mit anderen wachsen wollen. Wer mein früheres Buch *Durch Begegnungen wachsen* gelesen hat, wird einiges wiedererkennen. Manche Gedanken aus diesem Buch habe ich hier weiterentwickelt.

Für die Freude entscheiden besteht aus fünf Teilen: Buch 1 ist gewissermaßen der Grundkurs. Buch 2 beschäftigt sich mit dem Begriff der Projektion. Buch 3 handelt von unserer inneren »Größe«. Buch 4 beschreibt die Folgen von Angst und Verachtung. Und bei Buch 5 handelt es sich um einen Abschlusskurs, der sich um die Kraft der Gedanken dreht.

Benutzen Sie das Buch wie eine Art Arbeitsbuch. Lassen Sie einzelne Kapitel immer wieder eine Zeit lang auf sich wirken. Ich habe mir niemals vorgestellt, dass man alles auf einen Rutsch liest. Nehmen Sie sich Zeit.

Lesen Sie langsam. Integrieren Sie den Inhalt in Ihren Alltag.

Diskutieren Sie darüber. Lesen Sie alles noch einmal. Freuen Sie sich über die erzielten Fortschritte.

Und langsam, ganz langsam wird sich Ihr Leben verändern!

Ich wünsche Ihnen viel Glück!

BUCH 1
Grundkurs

Jede Veränderung beginnt bei mir selbst.

Es sind meine Gedanken, die jede Veränderung bewirken.

Prolog

Ein Traum.

Ich bin mit anderen Menschen zusammen. Wir befinden uns in einem großen, hellen Raum. Wir sind vielleicht zwanzig Personen. Es finden Gespräche statt. Man hört Gelächter.

Ich spüre die Gemeinschaft mit diesen Menschen. Ich bin glücklich. Ich bin vollkommen frei von Angst. Die Zeit scheint stillzustehen. Alle Menschen kommen mir schön vor. Ein breites Lächeln liegt auf meinem Gesicht.

Ich sehe das alles ganz deutlich vor mir. Über eine Stunde lang empfinde ich eine beständige Wärme für jeden Menschen in dieser Gruppe. Zu ihm da hinten ... zu ihr dort in der Ecke ... und auch zu ihm! Ja, auch zu ihm, den ich immer für so engstirnig gehalten hatte. Und selbst ihr gegenüber, die ich sonst als furchtbare Nervensäge betrachtet hatte, empfinde ich nun dasselbe innigliche Gefühl der Zuneigung.

Ich empfinde tatsächlich Liebe – *zu allen*!

Ich hege keine voreiligen, wertenden oder ironischen Gedanken. Ich bemerke, dass ich mich in einem Zustand absoluter Liebe befinde.

Ein bestimmter Gedanke geht mir durch den Kopf: Stell dir vor, das viel beschriebene Paradies wäre gar kein Platz irgendwo dort oben – weit, weit von uns entfernt.

Stell dir vor, das Paradies wäre ein bestimmter Zustand unter den Menschen. Ein Zustand ohne jede Angst. Ein Zustand, der jederzeit möglich ist.

Kann ich lernen, diesen Zustand öfter zu erleben?

Diese Frage stelle ich mir oft.

Wer bin ich?

Jemand hat ausgerechnet, wie viele Zellen ein menschlicher Körper hat. Es ist eine unfassbar große Zahl. Ein menschlicher Körper hat 50 Billionen Zellen. (Eine Billion sind tausend Milliarden.)

Jede dieser Zellen besteht aus vibrierender Energie. Ständig vibrierender Energie.

Man weiß auch, dass Gedanken ebenso als vibrierende Energie messbar sind. Jeder meiner Gedanken (die vibrierende Energie des Gedankens) hat einen direkten und unmittelbaren Einfluss auf sämtliche Zellen meines Körpers. All meine Überzeugungen und Gedanken leben in jeder einzelnen Zelle meines Körpers.

Mit anderen Worten:

Mit jedem meiner Gedanken beeinflusse ich mich selbst.

Gleichzeitig befindet sich alles in meinem Körper in ständiger Veränderung. Genau in diesem Moment verändern sich Millionen von Zellen in meinem Körper. In dieser Sekunde!

Man weiß, dass 98 Prozent aller Atome unserer Körperzellen im Laufe eines Jahres ausgetauscht werden. Unser gesamtes Skelett erneuert sich alle drei Monate vollkommen. Alle vier Wochen besitzen wir eine neue Haut. Unsere Magenschleimhaut erneuert sich jeden fünften Tag … Unser ganzer Körper ist nach zwei Jahren quasi neu. Jedes Atom, jedes Molekül und jede Zelle sind dann erneuert worden.

Ich bin heute nicht mehr derselbe, der ich gestern war.

In Wahrheit werden wir jede Sekunde neu geboren. Jeden Morgen, wenn ich aufstehe, bin ich ein neuer Mensch. Auch mein Nachbar ist jeden Morgen ein neuer Mensch. Unablässig entstehen neue Menschen.

Diese Tatsache birgt enorme Möglichkeiten!

Ich kann mich für Gedanken entscheiden, die gut für mich sind. Und ich kann die Gedanken ändern, die nicht gut für mich sind.

Lesen Sie im Stillen:

Ich werde von jedem meiner Gedanken beeinflusst.

Ich erschaffe mich selbst durch meine Gedanken.

Eine uralte Wahrheit

Ein glücklicher Mensch, dessen inneres Gleichgewicht intakt ist, tut sich in der Begegnung mit anderen wesentlich leichter als ein unglücklicher Mensch, dessen inneres Gleichgewicht gestört ist. Das scheint selbstverständlich.

Ein Mensch, dem es gut geht, hat kein Bedürfnis, über seine Mitmenschen herzuziehen, sie zu beschuldigen oder zu unterdrücken.

Wie ich mit anderen Menschen umgehe, hängt also von meinem eigenen Befinden ab. Bin ich glücklich und mit mir im Reinen, profitieren davon auch meine Beziehungen zu anderen.

Wenn ich meine Beziehungen zu anderen verändern will, muss die Veränderung bei mir selbst anfangen.

In der Art und Weise, wie ich anderen gegenübertrete, spiegelt sich mein Verhalten zu mir selbst. Wer sich ständig Selbstvorwürfe macht, neigt dazu, auch seinen Mitmenschen ständig Vorwürfe zu machen. Wer sich selbst mit Nachsicht und Verständnis behandelt, wird auch anderen gegenüber nachsichtig und verständnisvoll sein.

Erst wenn ich mir selbst mit Wohlwollen und Respekt begegne, kann ich auch anderen mit Wohlwollen und Respekt begegnen. Erst wenn ich mich selbst akzeptiere, kann ich auch andere akzeptieren.

* * *

Oft habe ich versucht, andere Menschen zu ändern. Damit sie meinen Vorstellungen entsprachen, wie sie sein sollten! Das hat stets zu Irritation, Konflikt und Unglück geführt. Lange Zeit hatte ich Schwierigkeiten damit, die uralte Wahrheit zu akzeptieren: *Du kannst andere Menschen nicht ändern.* <u>*Ändern kannst du nur dich selbst und deine Sichtweise auf die anderen.*</u>

Es wäre eine unendlich große Aufgabe, all die andern ändern zu wollen!

Versuchen Sie sich jeden Tag für eine Weile mit folgendem Gedanken zu beschäftigen:

Jede Veränderung beginnt bei mir selbst.

Meine Gedanken haben gestalterische Kraft

Eine spannende Tatsache:

Jeder Gedanke und jede Idee, die mir durch den Kopf gehen, haben auch physische Auswirkungen auf meinen Körper.

Medizinische Untersuchungen zeigen, wie Ideen und Gedanken die Speichelproduktion, den Pulsschlag, die Muskelspannung, den Blutzuckerspiegel, die Magen- und Darmaktivität, den Blutdruck, die Atmung und so weiter beeinflussen.

Wenn ich mich Tag für Tag mit traurigen Dingen beschäftige, beeinflusst dies die Vorgänge in meinem Körper auf eine bestimmte Weise. Beschäftige ich mich stattdessen mit fröhlichen Dingen, werden die Vorgänge in meinem Körper auf eine ganz andere Weise beeinflusst. *Durch die Gedanken, mit denen ich mich beschäftige, beeinflusse ich mich selbst.*

Meine Gedanken haben gestalterische Kraft.

Auch die Worte, die ich in Bezug auf mich verwende, sind bedeutungsvoll. Die Worte, die wir über uns wählen, wenn wir denken oder sprechen, werden von unserem Gehirn verarbeitet und in dessen rechter Hälfte zu Bildern umgewandelt. Diese Bilder werden von unserem Unterbewusstsein gespeichert. (Das Unterbewusstsein arbeitet eben mit Bildern.)

Alle Bilder, die wir im Unterbewusstsein in uns tragen, beeinflussen und steuern uns. Sagen wir beispielsweise oft *»Ich kann das nicht«* oder *»Ich schaff das nicht«*, dann werden unsere Gesundheit und unsere Fähigkeiten hiervon negativ beeinflusst.

Worte, Gedanken, Bilder und Ideen über mich selbst haben physiologische Auswirkungen auf meinen Körper.

Doch glücklicherweise können wir uns entscheiden, uns mit Gedanken zu beschäftigen, die einen positiven Einfluss auf uns haben. Wir sind sogar in der Lage, uns bewusst für Gedanken und Vorstellungen zu entscheiden, die den negativen Bildern in unserem Inneren entgegenwirken.

Das ist nicht nur ein glücklicher Umstand. Das ist fantastisch!

Lesen Sie im Stillen:

Ich kann die inneren Bilder verändern, die ich von mir selbst habe.

Ich bestimme selbst, was ich von mir denke.

Jede Veränderung beginnt auf der Ebene der Gedanken.

Es ist von großer Bedeutung, was ich über mich denke und wie ich mich sehe. In dieser Hinsicht erschaffe ich mein eigenes Ich.

So, wie ich denke ...

Experimente haben gezeigt, dass der Geschmack eines Menschen unter Hypnose manipuliert werden kann. Wenn man einer Person, die hypnotisiert wurde, ein Glas mit Salzwasser gibt, ihr aber sagt, es handele sich um Zuckerwasser, trinkt sie das Glas willig aus – und empfindet den Geschmack sogar als süß!

Gibt man ihr hingegen ein Glas Zuckerwasser, sagt aber, es handele sich um Salzwasser, verzieht sie angewidert das Gesicht und spuckt das Wasser wieder aus. Dieses Experiment zeigt Folgendes:

Unsere Gedanken beeinflussen unser Erleben und Empfinden.

Bei einem ähnlichen Experiment wird einer hypnotisierten Person eine Bleistiftspitze an den Finger gehalten. Sagt man ihr, es handele sich um eine glühende Nadel, empfindet sie Schmerz und zieht die Hand weg. *Und es entstehen sogar Brandspuren!*

Wird der Versuchsperson hingegen eine glühende Nadel an den Finger gehalten, während man ihr sagt, es handele sich um eine Bleistiftspitze, empfindet sie keinen Schmerz. Und es bleiben auch keine Brandspuren zurück.

Unsere Gedanken haben eine unglaubliche Kraft.

In England hat man einer Gruppe von Krebspatienten eine normale Kochsalzlösung verabreicht, ihnen aber gesagt, es handele sich um ein chemotherapeutisches Zellgift. 30 Prozent der Patienten verloren daraufhin ihre Haare.

Was ich mir von der Zukunft erwarte, das tritt oft ein.

Das ist eine fantastische Erkenntnis. Meine Gedanken haben gestalterische Kraft.

Meine Gedanken bestimmen die Realität.

Vielleicht wollen Sie sich diesen Satz aufschreiben. Wiederholen Sie ihn. Leben Sie mit ihm.

Lassen Sie sich Folgendes durch den Kopf gehen:

Mit Hilfe meiner Gedanken kann ich mich selbst verändern.

Jede Veränderung beginnt auf der Ebene der Gedanken.

Gedanken sind »ansteckend«

Und nun ein Satz, der sehr wichtig ist, auch wenn er selbstverständlich erscheint:

Meine Gedanken beeinflussen nicht nur mich selbst.

Auf der Station eines Krankenhauses führten die Mitarbeiter folgendes Experiment durch: Alle nahmen sich vor, einander in Zukunft mehr Aufmerksamkeit und Anerkennung zukommen zu lassen. Das Ganze hatte einen merkwürdig beschleunigenden Effekt: Man steckte sich durch sein Verhalten gegenseitig an. Das Selbstvertrauen jedes einzelnen Mitarbeiters stieg, während es deutlich weniger Krankmeldungen gab. Die Patienten wurden in der Regel früher entlassen, und auch der Verbrauch an Medikamenten sank!

Meine Gedanken und mein Verhalten führen zu messbaren Ergebnissen – außerhalb von mir selbst.

Ein Mediziner der Harvard University fand heraus, dass Patienten, die am Abend vor der Operation ein Gespräch mit dem Narkosearzt führten, nur die Hälfte an schmerzstillenden Medikamenten brauchten wie Patienten, die zuvor kein Gespräch geführt hatten.

Die erste Patientengruppe wurde im Durchschnitt auch zweieinhalb Tage früher aus dem Krankenhaus entlassen!

Eines ist gewiss:

Die Gedanken und Einstellungen, die ich habe, sind niemals wirkungslos!

Die SBU, eine staatliche schwedische Behörde zur Qualitätssicherung im Gesundheitssystem, hat festgestellt, dass ein gutes, vertrauensvolles Verhältnis zwischen Arzt und Patient den Blutdruck und Blutzuckerspiegel senken und allgemeine Beschwerden lindern kann.

Es ließen sich eine ganze Reihe von Untersuchungen mit ähnlichen Ergebnissen aufführen. Denken Sie also stets daran, auch wenn es selbstverständlich erscheint: *Jeder meiner Gedanken beeinflusst mich und mein Verhalten – und dadurch auch meine Umgebung.*

Ich bin also nicht nur für mein Verhalten verantwortlich, sondern genauso für meine Gedanken.

All meine Gedanken wirken sich auf meine Umgebung aus.

Meine Gedanken beeinflussen nicht nur mich selbst.

* * *

In diesem Buch werden Sie viele Beispiele dafür finden, wie Sie Ihre Gedanken verändern können. Begnügen Sie sich fürs Erste mit der Erkenntnis, dass die Gedanken, für die Sie sich bewusst entscheiden, Sie selbst und Ihre Umgebung beeinflussen. In diesem Sinne sind Sie in jedem Augenblick schöpferisch tätig und gestalten Ihre Umwelt mit.

Der Pygmalioneffekt

Der amerikanische Psychologe Robert Rosenthal führte vor vielen Jahren ein Experiment durch. Es sollte seine Hypothese bestätigen, dass unsere Gedanken und Einstellungen konkrete Auswirkungen auf unsere Mitmenschen haben. Später schrieb er darüber das Buch *Pygmalion im Klassenzimmer*.

Rosenthal wählte nach dem Zufallsprinzip einige Schulen aus und besorgte sich die Klassenlisten der Kinder, die in der Mittelstufe beginnen sollten. Jedem Namen wies er willkürlich einen bestimmten Intelligenzquotienten zu. Manche Schüler galten somit als wenig begabt, während andere als hochintelligent eingestuft wurden – mit ihrer tatsächlichen Intelligenz hatte dies jedoch nicht das Geringste zu tun.

Dann übergab er den Lehrern die Namenslisten mit den Intelligenzquotienten der Schüler, die er angeblich durch einen seriösen Test ermittelt hatte. Den Lehrern sollte dies eine Hilfe sein, ihre Schüler noch gezielter zu fördern! Die Intelligenzquotienten sollten natürlich streng vertraulich behandelt werden.

Dann begann das eigentliche Experiment:

Die Lehrer begegneten ihren »IQ-getesteten« Schülern im Klassenzimmer. Gleichzeitig ließ Rosenthal die Kinder in regelmäßigen Abständen standardisierte Tests schreiben. Die Resultate dieser Tests sammelte er ein. Die Lehrer bat er, im selben Zeitraum kurze schriftliche Einschätzungen der Schüler abzugeben.

Das gesamte Material wurde anschließend von einem Computer ausgewertet.

Schon bald zeigte sich ein klares Muster:

Die Kinder, die angeblich über eine niedrige Intelligenz verfügten, schnitten mit jedem Test schlechter ab. Die Kinder hingegen, denen man willkürlich eine hohe Intelligenz zugeschrieben hatte, verbesserten sich von Mal zu Mal.

Es zeigte sich, dass die persönlichen Einschätzungen der Lehrer mit den Testergebnissen genau übereinstimmten. Die Schüler, von deren geringer Intelligenz die Lehrer überzeugt waren (und die bei den Tests zunehmend schlechter abschnitten), wurden oft als »träge, gleichgültig und desinteressiert« beschrieben. Die Schüler hingegen, an deren hohe Intelligenz die Lehrer glaubten (und die bei den Tests immer besser abschnitten), wurden häufig als »munter, aufgeweckt und neugierig« beschrieben.

Nach einer Weile wurde das Experiment abgebrochen. Danach waren große Anstrengungen erforderlich, um alle »Vorurteile« auf Seiten der Lehrer wieder zu beseitigen.

Ein wirklich brisantes und beunruhigendes Experiment.

Pygmalioneffekt 2

Der so genannte Pygmalion- oder Rosenthaleffekt thematisiert die Tatsache, dass mein Bild, das ich von einem anderen Menschen gewonnen habe, das Auftreten dieses Menschen *und* meine Einschätzung seines Verhaltens beeinflusst.

Was ich von anderen Menschen denke, das strahle ich auch aus.

»Intelligenten« Schülern gegenüber nehme ich vermutlich selbst eine Haltung ein, die von Neugier, Wohlwollen, Interesse und Respekt geprägt ist. Ihre Antworten lege ich zu ihrem Besten aus. Selbst den unklarsten Antworten unterstelle ich eine gewisse Bedeutung. Ich lächle diese Schüler an, bin freundlich und entgegenkommend.

Den »weniger intelligenten« Schülern gegenüber bin ich wahrscheinlich skeptischer und kritischer. Vielleicht bringe ich hin und wieder eine gewisse Müdigkeit oder sogar Resignation zum Ausdruck. Vielleicht seufze ich auf und verziehe entnervt das Gesicht. Weil diese Reaktionen mir Schuldgefühle bereiten, wende ich mich noch mehr von diesen Schülern ab.

Folgendes gilt immer:

Wenn ich mein Verhalten gegenüber einem anderen Menschen ändern will, muss ich zuerst meine Gedanken über diesen Menschen ändern.

Lesen Sie im Stillen folgende fünf Sätze:

Meine Gedanken beeinflussen nicht nur mich selbst.

Ich bin für jeden Gedanken verantwortlich, den ich gegenüber einem anderen Menschen hege.

Meine Gedanken und meine Einstellung haben gestalterische Kraft.

All meine Gedanken über ein Kind, einen Schüler, einen Kunden, einen Mitarbeiter, meinen Partner und so weiter kann ich ändern.

Jede Veränderung beginnt auf der Ebene der Gedanken.

Es ist eine interessante Tatsache, dass Pygmalion in der griechischen Mythologie nicht nur ein König, sondern auch ein geschickter Bildhauer ist. Der Sage nach erschafft er eines Tages die Marmorstatue einer wunderschönen Frau. Je länger Pygmalion sie betrachtet, desto sehnlicher wünscht er sich, sie könne lebendig werden.
Seine Sehnsucht ist so stark, dass die Liebesgöttin Aphrodite ihm schließlich seinen Wunsch erfüllt.
Als Pygmalion eines Morgens erwacht und die Statue berührt, spürt er, dass der weiße Marmor eine gewisse Wärme ausstrahlt. Dann beginnt sich die Statue zu bewegen. Die Liebesgöttin hat die ungeheure Sehnsucht belohnt, indem sie den Stein zum Leben erweckte.

Gedanken sind aufschlussreich

Folgendes gilt immer:

Bei jeder Begegnung mit einem anderen Menschen lerne ich etwas über mich selbst.

Betrachten wir für eine Weile die Gedanken, die uns bei der Begegnung mit anderen Menschen durch den Kopf gehen. Es können die unterschiedlichsten Gedanken sein, die sich aus verschiedensten Ursachen einstellen. Jemand hat ein bestimmtes Aussehen, trägt gewisse Kleider oder erinnert uns an eine Person, zu der wir früher ein enges Verhältnis hatten, und so weiter.

Es können positive, bewundernde oder idealisierende Gedanken sein. Möglichweise haben wir aber auch negative, ironische oder abwertende Gedanken, die uns bei einer Begegnung blitzschnell durch den Kopf gehen.

Was bedeuten all diese Gedanken?

Tragen unsere Gedanken dazu bei, die Wahrheit über einen anderen Menschen herauszufinden? Oder lassen sie ein Trugbild, eine Illusion entstehen?

Lassen Sie sich folgende Behauptung eine Weile durch den Kopf gehen: *Es gibt keine neutralen Gedanken über einen anderen Menschen.* Entweder fördern unsere Gedanken die Lüge oder die Wahrheit über diesen Menschen.

Lassen Sie sich auch Folgendes durch den Kopf gehen:

Ihre Gedanken über andere Menschen sagen etwas Wichtiges aus – über Sie selbst!

Zwei Beispiele:

Zwei Personen besuchen gemeinsam ein Restaurant. Ein paar Tische weiter sitzt eine zirka 80-jährige Frau mit leuchtend roten Haaren. Die eine denkt: *Eine vollkommen unpassende Haarfarbe für eine Frau in diesem Alter!* Die andere denkt: *Wie wunderbar, dass sich eine Frau in dem Alter das noch zutraut!* Zwei gegensätzliche Gedanken. Keiner von ihnen ist neutral. Der eine Gedanke entspringt der Angst und schafft Distanz. Der andere Gedanke entspringt nicht der Angst und fördert Neugier und Inspiration.

Über wen sagen diese Gedanken etwas aus? Über diejenigen, denen sie durch den Kopf gehen oder über die Frau mit den gefärbten Haaren?

Das zweite Beispiel:

Louise ist auf einer Party. Sie geht spontan auf zwei ihr unbekannte Gäste zu und stellt sich vor. Der eine denkt: *Ganz schön aufdringlich! Was will die bloß von mir?* Der andere denkt: *Die ist aber sympathisch – und so offen!* Keiner dieser Gedanken ist neutral. Der eine Gedanke entspringt der Angst und bringt die Menschen auseinander. Der andere Gedanke ist von Wohlwollen geprägt und führt die Menschen aufeinander zu. Zwei unterschiedliche Gedanken, die sehr aufschlussreich in Bezug auf diejenigen sind, denen sie durch den Kopf gehen.

Lesen Sie im Stillen:

Meine Gedanken über andere Menschen sagen etwas Wichtiges aus – über mich selbst.

Das ist eine fantastische Erkenntnis! Was ich in einem anderen Menschen sehe, ist meine bewusste Entscheidung. Ein anderer mag etwas ganz anderes in diesem Menschen sehen. Alles, was ich sehe, ist eine Folge meiner Gedanken. Ich sehe das, was ich sehen will.

Lesen Sie abschließend folgenden Satz:

In jeder Begegnung mit einem anderen Menschen lerne ich etwas über mich selbst.

* * *

Eines ist erfreulich: Nichts, was ich über mich selbst erfahre, ist schädlich! Es kann mich nur bereichern!

Gedanken sind aufschlussreich 2

Einige Leser (die ganz bestimmt jemanden kennen, der wirklich ein »hoffnungsloser Fall« ist) werden sich jetzt vielleicht fragen, ob es wirklich zutrifft, dass man durch seine Gedanken über andere stets etwas über sich selbst lernt.

Ich habe mir diese Frage selbst gestellt.

Denken Sie eine Weile über Folgendes nach:

Es scheint an dem anderen Menschen zu liegen – an seiner spezifischen Art und seinem Benehmen –, wenn ich ihn für einen »hoffnungslosen Fall« halte. Doch ein Dritter, der etwas ganz anderes über diesen Menschen denkt, sieht in dem »hoffnungslosen Fall« vielleicht einen »netten Kerl«. Meine Einschätzung ist nur ein Produkt meiner Gedanken.

Warum halte ich dann überhaupt jemanden für einen »hoffnungslosen Fall«?

Vielleicht, weil bestimmte Menschen ein gewisses Unbehagen in mir auslösen. Vielleicht erinnern sie mich an etwas, das ich an mir selbst nicht mag. Oder an etwas, das ich nicht sehen will. Womöglich an meine eigene Intoleranz oder meine Unfähigkeit, meine Meinung zu sagen. Vielleicht erinnern sie mich auch an meine Angst, als Versager angesehen zu werden. Oder ich werde an all das Negative erinnert, was ich früher über eine bestimmte Person gedacht habe, was Schuldgefühle bei mir auslöst (die wiederum bestätigt werden müssen).

Es kann unter Umständen auch daran liegen, dass ich nicht in der Lage bin, den anderen Menschen in seiner *Gesamtheit* zu sehen und zu verstehen. Wüsste ich mehr über ihn, würde ich vermutlich auch ganz anders über ihn denken.

Lassen Sie sich jetzt erneut die Behauptung durch den Kopf gehen, dass es keine neutralen Gedanken über einen anderen Menschen gibt. Entweder fördern unsere Gedanken die *Lüge* oder die *Wahrheit* über einen anderen Menschen. Entweder werden unsere Gedanken von *Furcht* oder von *Liebe* geleitet.

* * *

Und nun eine wichtige Sache:

Machen Sie sich bewusst, dass jeder Gedanke ein bestimmtes Gefühl in Ihnen hervorruft. Entweder ein Gefühl, das Sie veranlasst, sich interessiert nach vorne zu beugen, oder ein Gefühl, das Sie veranlasst, sich distanziert zurückzulehnen.

Lesen Sie schließlich diesen wichtigen Grundsatz:

Jeder Gedanke, den ich über einen anderen Menschen hege, schafft entweder Freude, Harmonie und innere Balance – also Glück – in mir, oder er ruft eine Form der Irritation und der Distanz – also Unglück – hervor.

Sich für Gefühle entscheiden

Die vorigen Kapitel handelten davon, dass meine Gedanken Bedeutung und Einfluss haben. Meine Gedanken beeinflussen mich selbst und meine Umgebung. Meine Gedanken sind untrennbar mit mir verbunden. Ich allein entscheide, mit welchen Gedanken ich mich beschäftige. All das leuchtet unmittelbar ein.

Wir sollten uns an dieser Stelle Folgendes in Erinnerung rufen:

Jeder Gedanke, den ich über einen anderen Menschen hege, schafft entweder Freude, Harmonie und innere Balance – also Glück – in mir, oder er ruft eine Form der Irritation und der Distanz – also Unglück – hervor.

Denken Sie darüber nach!

Spüren Sie den Gefühlen nach, von denen Ihre unterschiedlichen Gedanken begleitet werden. Wenn Sie dies in Ihrem Alltag erproben, nähern Sie sich automatisch der nächsten höchst wichtigen Frage:

Kann man durch bewusste Entscheidungen für bestimmte Gedanken auch seine Gefühle steuern?

Können wir nicht einfach öfter gut gelaunt und zufrieden sein? Können wir uns bewusst für mehr Hoffnung, Geistesgegenwart, Energie und Freude entscheiden? Können wir uns für das Glück entscheiden?

Die Frage mag ein wenig provozierend klingen, wenn man gerade missgelaunt, irritiert oder wütend ist. Schließlich ist man normalerweise der Ansicht, dass an der eigenen schlechten Laune ausschließlich die »anderen« Schuld sind. Vielleicht denken Sie auch, dass bestimmte Stimmungen unvermeidbar sind – dass Ihnen keine Wahl bleibt. (Sie sind den anderen zum Opfer gefallen.)

Versuchen Sie sich dennoch mit der Vorstellung anzufreunden, dass Ihre Gefühle von den Gedanken bestimmt werden, die Sie mit bestimmten Erlebnissen in Verbindung bringen. Es geht um die grundlegende Einsicht, dass *die Gedanken den Gefühlen vorausgehen*. Und seine Gedanken kann man beeinflussen. Es sind Ihre Gedanken, die Ihre Gefühle auslösen.

Stellen Sie sich nun die brisante Frage:

Kann ich mich für das Glück entscheiden?

Ich weiß noch genau, wie ich reagiert habe, als ich zum ersten Mal mit dieser Frage konfrontiert wurde. Alles in mir sträubte sich dagegen. Was sollte das heißen, sich für das Glück entscheiden? Als ob das so einfach wäre! Ich konnte zunächst nicht akzeptieren, dass die Entscheidung für das Glück von mir selbst statt von den Umständen oder den »anderen« abhängt.

Heute ist für mich an folgender Erkenntnis nicht zu rütteln:

Meine Möglichkeiten, innerlich Frieden, Freude und Glück zu empfinden, kann ich durch meine freie Entscheidung maßgeblich beeinflussen.

Meine Gefühle hängen von den Gedanken ab, die mein Leben begleiten. Verändere ich meine Gedanken, verändern sich auch meine Gefühle.

* * *

Wiederholen Sie diese beiden wichtigen Aussagen:

Meine Gefühle hängen von den Gedanken ab, die mein Leben begleiten.

Verändere ich meine Gedanken, verändern sich auch meine Gefühle.

Glück

Hängt das Glück also von meiner freien Entscheidung ab?

Falls diese Frage neu für Sie ist, versuchen Sie sich langsam an sie zu gewöhnen.

Notieren Sie sich vielleicht folgenden Satz:

Glück ist eine Wahl.

Lassen Sie ihn sich durch den Kopf gehen. Sprechen Sie ihn hin und wieder leise vor sich hin: *Glück ist eine Wahl.* Versuchen Sie, sich eine ganze Woche lang in verschiedenen Situationen diese Frage zu stellen:

Kann ich mich in diesem Moment für das Glück entscheiden?

Vielleicht befinden Sie sich auf dem Heimweg. Sie haben gerade den Bus verpasst. Sie stehen an der Haltestelle und fragen sich: *Kann ich mich in diesem Moment für das Glück entscheiden?* Oder Sie befinden sich an Ihrem Arbeitsplatz. Als das Telefon klingelt, heben Sie mit diesem Gedanken den Hörer ab: *Kann ich mich in diesem Moment für das Glück entscheiden?* Oder Sie stehen mit Ihrem Auto im Stau und blicken sich um: *Kann ich mich in diesem Moment für das Glück entscheiden?* Oder Sie öffnen nach einem langen Arbeitstag die Tür zu Ihrer Wohnung: *Kann ich mich in diesem Moment für das Glück entscheiden?*

Warten Sie ab, was geschieht.

Wenn Ihnen das Wort »Glück« übertrieben erscheint, dann versuchen Sie es durch »Freude« zu ersetzen. Fragen Sie sich also: *Kann ich mich in diesem Moment für die Freude entscheiden?* Wenn Ihnen auch das noch übertrieben erscheint, versuchen Sie es vorsichtig mit folgender Frage: *Kann ich mich in diesem Moment dafür entscheiden, dass es mir ein wenig besser geht?*

Versuchen Sie dies in Ihren Alltag zu integrieren.

Dieses Kapitel will Sie mit dem Gedanken vertraut machen, dass Freude, das Glück etwas ist, wofür wir uns bewusst entscheiden können. Damit nähern wir uns zum ersten Mal behutsam der Idee, dass *wir selbst für unser Glück und Unglück verantwortlich sind.*

Zum ersten Mal formulieren wir auch folgenden Gedanken: *Wie mein Leben verläuft, ist eine Folge der Gedanken, die ich über mein Leben habe.*

Dies ist ein wichtiges Kapitel. Verweilen Sie ein wenig bei ihm und hasten Sie nicht gleich weiter.

Lesen Sie im Stillen:

Ich bin derjenige, der meine Gedanken erschafft.

Es gibt andere Möglichkeiten

Sie sind bestimmt schon Menschen begegnet, die auf ein bestimmtes Ereignis ganz anders reagiert haben, als Sie es selbst getan hätten. Vielleicht haben sie über etwas gelacht, über das Sie sich schrecklich aufgeregt hätten. *Es gibt also verschiedene Möglichkeiten.*

Es stellt sich die Frage, ob ich gezwungen bin, auch weiterhin so auf bestimmte Dinge zu reagieren, wie ich es immer getan habe. Oder kann ich mich einfach dafür *entscheiden*, in Zukunft anders zu reagieren?

Wenn Sie also das nächste Mal irritiert, verärgert oder gar wütend sein sollten, dann stellen Sie sich folgende Frage:

Ist meine Reaktion gut oder schlecht für mich?

Fragen Sie sich allen Ernstes: *Will ich so empfinden? Oder würde ich lieber etwas anderes empfinden?*

In dieser Hinsicht sollten Sie sich vor Augen führen, dass Verärgerung oder Wut negative Gefühle in Ihnen hervorrufen. Entscheiden Sie sich anders, kann daraus Hoffnung, Sinn oder Glück entstehen.

Wenn Sie anders empfinden und reagieren wollen, dann können Sie versuchen, Ihre Gedanken zu ändern. Mit Hilfe der Gedanken können Sie Ihre Gefühle beeinflussen. (Es ist oft eine nützliche Hilfe, sich vorzustellen, wie ein anderer an Ihrer Stelle reagiert hätte. Damit macht man sich andere Möglichkeiten bewusst.)

Das bedeutet keinesfalls, dass man seine wahren Gefühle unterdrücken soll. Es geht vielmehr darum, sie zu erkennen – sie zu verstehen – und selbst zu entscheiden, ob man mit ihnen zufrieden ist oder nicht. Ob man so *weitermachen* will oder nicht.

Sich für das Glück zu entscheiden, heißt nicht, unangenehme Gefühle zu verleugnen. Es bedeutet, nicht bei ihnen stehen zu bleiben.

Probieren Sie Folgendes aus:

Fragen Sie sich mehrmals am Tag – vielleicht einmal pro Stunde –, was Sie in diesem Moment empfinden. Wenn Sie Klarheit über Ihre Empfindungen gewonnen haben, stellen Sie sich die Frage:

Sind diese Gefühle gut oder schlecht für mich?

Machen Sie sich mit dieser Frage vertraut. Sie können Sie auch auf einen Zettel schreiben und beispielsweise an den Küchenschrank kleben.

Ist das, was ich in diesem Moment fühle, gut oder schlecht für mich?

Wenn Sie sich diese Frage stellen, machen Sie den ersten Schritt, um sich aus der Opferrolle (»Schuld haben immer die anderen«) zu befreien. Ein Schritt, der Sie reifen und verantwortungsbewusster handeln lässt.

Das ist eine Möglichkeit, sich für die Freude zu entscheiden.

Damit nehmen Sie Ihr Leben selbst in die Hand.

* * *

Sich für das Glück zu entscheiden, bedeutet nicht, vor Missverhältnissen die Augen zu verschließen. Zorn kann oft der Impuls für Veränderungen sein. Ich reagiere zum Beispiel mit Zorn auf gewisse Umstände. Ich versuche, etwas gegen sie zu unternehmen. Ich entscheide mich zu handeln. Sich für das Glück zu entscheiden, bedeutet in so einer Situation, nicht im passiven Zustand des Jammerns zu verharren.

Eines ist mir sehr wichtig: Keines der Kapitel in diesem Buch ruft zu Passivität oder Selbstverleugnung auf.

Erzogen zum Unglück

Es mag Ihnen merkwürdig vorkommen, wenn wir von der bewussten *Veränderung* der Gefühle sprechen. Stellen sich Gefühle nicht einfach ein – ohne dass wir etwas daran ändern könnten?

Natürlich stellen sich Gefühle unmittelbar ein. Und oft halten wir sie gerade deshalb für authentisch oder gar heilig und scheuen uns, sie infrage zu stellen und ändern zu wollen.

Die Wahrheit ist jedoch die, dass viele negative Gefühle wie Irritation, Verärgerung oder Verletzlichkeit erlernte Reaktionen sind, die weitgehend auf Gewohnheit beruhen. Als wir aufwuchsen, hatten wir vielleicht Vorbilder, die auf diese Art und Weise reagierten. Wir sind gewissermaßen dazu erzogen, so zu reagieren, wie wir es tun. Möglicherweise bekamen wir früher zu hören: *Wenn das und das geschieht, hat man allen Grund, wütend zu werden. Wenn der Morgen schon so anfängt, kann aus dem Tag ja nichts werden. Wenn es am ersten Ferientag regnet, habe ich schon schlechte Laune. Wenn ich diesen Job nicht bekomme, bin ich am Boden zerstört!*

Man kann sogar aus alter Gewohnheit unglücklich sein.

Andere Vorbilder hätten uns vielleicht vorgelebt, auf eine andere Art und Weise zu reagieren. Somit würden wir heute über bestimmte Verhaltensweisen und Ereignisse auch anders denken. Und das wiederum hätte andere Gefühle hervorgerufen! Vielleicht hätten wir sogar gelernt, anstelle des Problems die Möglichkeiten zu sehen, die aus ihm erwachsen.

Wenn ich mein Leben als sinnlos betrachte, werde ich in vielen Situationen mit Trägheit, Pessimismus und Unlust reagieren. *Denn Unglück und Scheitern sind Bestandteil meiner Lebenseinstellung.*

Bin ich mir hingegen all der Chancen und Möglichkeiten bewusst, die das Leben zu bieten hat, werde ich in vielen Situationen mit Neugier, Wohlwollen und Inspiration reagieren. *Denn das Glück und das Gelingen sind Bestandteil meiner Lebenseinstellung.*

Es ist wichtig, folgenden Satz vollkommen zu verinnerlichen:

Es sind meine Gedanken, Vorstellungen und Überzeugungen, die über meine spontanen Reaktionen und Gefühle in unterschiedlichen Situationen entscheiden.

Lesen Sie diesen Satz ruhig ein zweites Mal. Versuchen Sie ihn in seiner ganzen Tiefe zu verstehen. Es sind meine Gedanken, die meine Gefühle in bestimmten Situationen hervorrufen.

Eines stimmt hoffnungsvoll:

Ich kann Gedanken und Überzeugungen ändern, die mir selbst nicht gut tun.

Ich kann mich für Gedanken und Überzeugungen entscheiden, die mir ein glücklicheres Leben bescheren.

Ich kann mir neue Vorbilder aussuchen.

* * *

Wie Sie zu Werke gehen, um Ihre Gedanken und Einstellungen zu verändern, ist in Buch 3 und Buch 5 beschrieben. Buch 1 verfolgt ausschließlich den Zweck, Ihnen klarzumachen, dass Sie in jeder Situation frei entscheiden können, wie Sie reagieren wollen.

Wer will ich sein?

In jedem Augenblick, Sekunde für Sekunde, habe ich die Wahl, das Opfer oder der Erschaffer meiner eigenen Wirklichkeit zu sein.

Sehe ich mich als Opfer, denke ich fortwährend an die Menschen »da draußen«, denen ich in irgendeiner Form ausgeliefert bin. *Ich bin irritiert, traurig oder zornig, weil »die anderen« so sind, wie sie sind.* Ich erlaube den anderen also, über mein Leben zu bestimmen. Als Opfer gebe ich die Verantwortung für mein eigenes Wohlbefinden ab.

Stellen Sie sich vor, man könnte sich aussuchen, wer man sein möchte!

Ein Beispiel: Sie spüren, dass Sie auf eine Person zornig werden. Irgendetwas an ihr ärgert Sie gewaltig. Sie geraten aus der Fassung und werden schlecht gelaunt. Sie fallen dieser Person gewissermaßen zum Opfer!

Wenn Sie »aufgrund eines anderen« (eines Schülers, Mitarbeiters, Kollegen, Mitbewohners und so weiter) das nächste Mal ähnliche Empfindungen haben, könnten Sie versuchen, sich folgende Fragen zu stellen:

Wie würde ich lieber in einer vergleichbaren Situation reagieren? Welche von allen Reaktionsmöglichkeiten würde ich nutzen? Wer will ich sein?

Versuchen Sie vor allem, sich mit der letzten Frage vertraut zu machen. Sie können sich auch in großen, gut lesbaren Buchstaben auf ein Blatt Papier schreiben:

Wer will ich sein?

Diese Frage hilft mir zu begreifen, dass ich eine Wahl habe. Es gibt immer verschiedene Möglichkeiten. Ich kann mich für den Zorn oder für eine andere Art der Reaktion entscheiden. Ich kann mich entscheiden, ob ich anderen zum Opfer fallen oder Reife und Selbstverantwortung zeigen will.

Die Frage erinnert mich daran, dass es meine Entscheidungsfreiheit ist, die es mir ständig ermöglicht, *mein Leben selbst in die Hand zu nehmen.*

Wer will ich sein?

Zwei Gesichter

Die Angewohnheit, sich zum Opfer zu machen, kann tiefe Wurzeln haben.

Ich habe selbst gemerkt, dass ich hin und wieder einen starken Anstoß brauche, um nicht die Opferrolle einzunehmen. Zwei Bilder, sozusagen zwei Gesichter, sehe ich da oft vor mir. Wer von ihnen möchte ich sein? Die Gesichter können mir bei der Entscheidung helfen, mich für den eigenverantwortlichen Menschen zu entscheiden, der das Heft selbst in die Hand nimmt.

DAS ERSTE GESICHT

Sie haben vielleicht schon einmal mit einem alten Menschen gesprochen, dessen Gesicht von Verbitterung und Leid gezeichnet war. Versuchen Sie sich daran zu erinnern. Vielleicht war es sogar ein Angehöriger, Vater, Mutter, Großmutter oder Großvater.

Womöglich haben Sie versucht, die Stimmung ein wenig aufzuheitern, indem Sie sagten: »Ich habe den Wetterbericht gehört. Es soll am Nachmittag aufklaren.« Doch die Entgegnung ließ nicht lange auf sich warten: »*Die Vorhersagen stimmen sowieso nie!*«

Sie haben mit jemanden gesprochen, der die Opferrolle einnimmt. Sie haben mit dem Gesicht der Bitterkeit kommuniziert. Sie sind in Kontakt mit dem Geist gekommen, der stets zu sagen scheint: »*Alle Menschen, denen ich in meinem Leben begegnet bin, waren ein einziges Unglück und eine Plage für mich.*«

Das ist ein erschütterndes Erlebnis. Vor allem, wenn es jemanden betrifft, der Ihnen am Herzen liegt.

Diejenigen, die beruflich mit alten Menschen zu tun haben, berichten, dass gerade die Mürrischen und Verbitterten oft große Angst vor dem Tod haben. Sie halten sich krampfhaft aufrecht und wären bereit, jeden Preis zu zahlen, um noch einen einzigen zusätzlichen Tag erleben zu dürfen. Vielleicht haben sie Angst, denke ich, weil sie tief in ihrem Innern wissen, dass sie ihr Leben in der Opferrolle verbracht haben. Sie haben keine Verantwortung für ihr Leben übernommen.

DAS ZWEITE GESICHT

Sie haben vielleicht auch schon einmal mit einem alten Menschen gesprochen, dessen Gesicht geistesgegenwärtig, offen und heiter war. Vielleicht war es Ihre Großmutter, die Ihnen von ihrem Alltag im Pflegeheim erzählte. Das könnte sich dann so angehört haben: *»Das Personal wechselt hier ja ständig. Ich bin schon gespannt, wer heute erscheint!«*

Und sie war wirklich gespannt darauf! Solche Menschen gibt es!

Ihr Gesicht war strahlend schön. Ein fast göttliches Leuchten lag darauf. Bei seinem Anblick wurde Ihnen sofort klar, dass wahre Schönheit wirklich von innen kommt.

Diejenigen, die beruflich mit alten Menschen zu tun haben, berichten, dass gerade die Glücklichen und Heiteren kaum Angst davor haben, »auf die andere Seite« hinüberzugehen. Sie lassen es einfach geschehen. Sie haben ihr Leben gelebt. In jeder Sekunde.

Für mich sind diese beiden Gesichter eine stete Mahnung. Sie rufen mir die Frage ins Gedächtnis:

Wer will ich sein?

Lesen Sie im Stillen:

Ich kann nicht jedes Unglück in meinem Leben verhindern.

Doch kann ich selbst darüber entscheiden, wie ich das Unglück erlebe.

→ Blues

Niemand kann mich verletzen

Denken Sie eine Weile über den Inhalt des folgenden Satzes nach:

Niemand kann mich verletzen ohne mein Einverständnis.

Eine provozierende Behauptung. Ich selbst hätte vor ein paar Jahren folgendermaßen darauf reagiert: Wenn ich verletzt werde, dann ist es ja wohl nicht *meine* Schuld! Es sind die »anderen«, die mich verletzen. Lassen Sie sich den Satz dennoch ein weiteres Mal durch den Kopf gehen.

Niemand kann mich verletzen ohne mein Einverständnis.

Ist da wirklich etwas dran?

Den eingerahmten Text auf der nächsten Seite hatte ich jahrelang auf die Vorderseite meines Terminkalenders geklebt. Er hat mir oft geholfen, wenn ich mich unterwegs über irgendetwas aufregte. »Unterwegs« bedeutet in diesem Fall, auf dem Weg, mich mal wieder für das Unglück zu entscheiden.

Lesen Sie den Text in regelmäßigen Abständen immer wieder. Er war mir behilflich, langsam, ganz allmählich, die Wahrheit dieses Satzes zu verstehen:

Niemand kann mich verletzen ohne mein Einverständnis.

Wer darüber entscheidet, wie ich mich fühle, scheint ein ganz bestimmtes Benehmen zu haben.

Wer darüber entscheidet, wie ich mich fühle, ist zum Beispiel ...
... derjenige, der zu spät zu einer Verabredung kommt.

Ich ärgere mich aus anderen Gründen, als ich glaube.
(Zum Beispiel, weil der andere zu spät kommt.)

Ich ärgere mich ausschließlich deshalb, weil ich ein Ereignis auf eine bestimmte Art und Weise *interpretiere*.

Wenn ich will, kann ich dieses Ereignis auch ganz anders interpretieren.

Wenn ich traurig oder verärgert darüber bin, dass jemand zu spät zu einer Verabredung erscheint, dann habe ich die Entscheidung gefällt, mich als Opfer zu sehen.

Ich könnte es mit folgenden Gedanken versuchen:

Ich habe mich *entschieden*, traurig oder verärgert zu sein, weil sich ein anderer auf eine bestimmte Weise verhielt. Ich habe aber die Freiheit, mich für eine ganz andere Reaktion zu entscheiden.

Niemand kann mich verletzen 2

Man kann den Gedanken *Niemand kann mich verletzen ohne mein Einverständnis* auch einfacher formulieren:

Kein Mensch kann es erreichen, dass ich mich ärgere.

Denn wenn ich mich ärgere, bin ich selbst derjenige, der es so will.

Denken Sie ein, zwei Tage lang über diese Sätze nach. Schreiben Sie sie vielleicht auf einen Zettel. Werfen Sie hin und wieder einen Blick darauf. Während der Arbeit. Im Bus. Wenn Sie im Stau stehen.

* * *

Diese beiden Sätze ermöglichen es Ihnen, die Opferrolle abzulegen und ein reifer, verantwortungsbewusster Mensch zu werden.

Versuchen Sie, sich eine Woche lang täglich folgende Sätze ins Gedächtnis zu rufen, wann immer Sie traurig oder zornig werden:

Wenn er oder sie mich traurig macht, will ich es selbst so.

Wenn er oder sie mich zornig macht, will ich es selbst so.

* * *

Mein Reaktionen und Gefühle sind eine Folge der Gedanken, Überzeugungen und Angewohnheiten, die ich habe. Wenn ich meine Gedanken und Ansichten über gewisse Dinge (oder Menschen) ändere, dann ändern sich auch all meine spontanen Reaktionen und Gefühle diesen Dingen (oder Menschen) gegenüber. Ich selbst gestalte mein Leben.

Vielleicht wollen Sie jetzt eine kleine Lesepause machen. Legen Sie das Buch ruhig für eine Weile beiseite.

Tun Sie stattdessen irgendetwas anderes.

* * *

Wenn Sie die Lektüre fortsetzen, könnten Sie darüber nachdenken, wann Sie sich zum letzten Mal über einen anderen Menschen geärgert haben.

Rufen Sie sich den Anlass Ihrer Verärgerung ins Gedächtnis. Betrachten Sie ihn unter verschiedenen Gesichtspunkten und fragen Sie sich dann, was es mit folgendem Satz für eine Bewandtnis hat:

Jedes Mal, wenn mich jemand traurig oder zornig macht, habe ich die Wirklichkeit falsch oder einseitig interpretiert.

Ist das wirklich wahr?

Im nächsten Kapitel werden wir näher darauf eingehen.

Nicht mehr so verletzbar sein

Lassen Sie sich also Folgendes durch den Kopf gehen:

Jedes Mal, wenn mich jemand traurig oder zornig macht, habe ich die Wirklichkeit falsch oder einseitig interpretiert.

Wenn ich mich über jemanden aufrege, dann konzentriere ich mich ausschließlich auf ein bestimmtes Verhalten dieser Person. Es ist diese eingeengte Sichtweise, die mich irritiert und aus der Fassung bringt. Ich falle also meiner Fehlinterpretation zum Opfer.

Ein anderer würde das Verhalten dieser Person vielleicht ganz anders einschätzen. Und auch ich selbst hätte mich dazu entschließen können, ihr Verhalten anders zu interpretieren, wodurch ich anders reagiert hätte. Folgendes gilt immer:

Ich allein bin dafür verantwortlich und entscheide, wie ich das, was ich sehe, interpretieren will.

Wenn Sie das begriffen haben, können Sie sich die Frage stellen, ob Sie von einem Menschen, über den Sie sich fürchterlich aufregen, nicht sogar etwas lernen können.

Hier folgt ein Beispiel, das ich selbst erlebt habe:

Ich sitze einem Mann gegenüber, mit dem ich verabredet bin. Sein Oberkörper ist leicht zurückgelehnt, seine Arme sind vor der Brust verschränkt. Er schlägt ein Bein über das andere und beginnt mit dem Fuß zu wippen. (Ich finde, er sieht unnahbar und arrogant aus.)

Wir unterhalten uns. Doch aus irgendeinem Grund sehe ich nur diesen wippenden Fuß!

Ich höre, dass meine Stimme zunehmend angespannt klingt. Meine Lockerheit und Spontanität nehmen ab. Ich verkrampfe und fühle mich unfrei. Alles scheint schiefzulaufen. Ich habe Angst.

Ich falle meiner Interpretation der Körpersprache eines anderen zum Opfer. Seinem wippenden Fuß! Um mich zu verteidigen, gehen mir aggressive Gedanken durch den Kopf: *Was glaubt der eigentlich, wer er ist? Der soll bloß aufpassen!* (Ich beginne ihn also zu verurteilen – und habe spätestens jetzt mein inneres Gleichgewicht verloren.)

Doch plötzlich kommt mir etwas in den Sinn:

Jedes Mal, wenn mich jemand traurig oder zornig macht, habe ich die Wirklichkeit falsch interpretiert.

Ist das wahr? Habe ich das Verhalten des Mannes falsch interpretiert? Im Stillen sage ich vor mich hin:

Ich bin fest entschlossen, den Mann auf eine neue Weise zu betrachten.

Zunächst empfinde ich einen gewissen Widerwillen. Doch ich wiederhole den Satz so oft, bis er mir selbstverständlich erscheint. Dann geht mir plötzlich ein ganz neuer Gedanke durch den Kopf. *Wäre es möglich, dass mein Gegenüber Angst vor mir und unserer Begegnung hat? Welche Rolle oder Machtposition hat er zu verteidigen?*

Plötzlich erscheint die gesamte Situation in einem neuen Licht! Ich habe auf die Maske der Arroganz reagiert (bin ihr zum Opfer gefallen), mit der mein Gegenüber sich zu schützen versuchte. Ich habe die Wahrheit über ihn nicht erkannt. Im Stillen sage ich zu mir selbst: *Ich sitze einem Mann gegenüber, der aus irgendeinem Grund große Angst zu haben scheint.*

Diese Erkenntnis erleichtert mich!

Dieser Mann bietet mir die Möglichkeit, etwas über ihn zu erfahren, das jenseits aller Masken und Posen liegt. Er bietet mir *auch* die Möglichkeit, etwas über mich selbst zu lernen.

Nutze ich diese Möglichkeit, dann birgt unsere Begegnung eine große Chance. Er kann mein Lehrer sein. Im Stillen wiederhole ich:

Ich sitze einem Mann gegenüber, der aus irgendeinem Grund große Angst zu haben scheint.

Ich begreife, dass seine Körperhaltung nichts als ein Hilferuf ist. (Und wer will schon einen Menschen angreifen, der um Hilfe bittet?) Der Alptraum verblasst. Ich spüre eine wachsende Freude. Ich habe seine Angst gesehen. Und meine eigene.

Wir setzen unser Gespräch fort. Die Körperhaltung des Mannes hat sich nicht geändert. Er lehnt sich immer noch zurück, hat die Arme vor der Brust verschränkt und wippt nervös mit dem Fuß.

Wie sonderbar!

Plötzlich sehe ich etwas ganz anderes. Ich sehe einen Mann, der mir gegenübersitzt und aus irgendeinem Grund Angst hat. Seine ganze Körperhaltung scheint eine Bitte auszudrücken. (Einen Ruf nach Hilfe.)

Meine Gefühle haben sich geändert. Die Verachtung, mit der ich vorhin versucht hatte, mich zu schützen, ist verschwunden. Ich empfinde Mitgefühl. Mir ist, als würde ich mit meinem wahren Ich einen Tanz aufführen. Ich habe mein inneres Gleichgewicht gefunden.

Das alles ist fantastisch!

Nun sendet meine Stimme ganz andere Signale und Vibrationen aus. Nach einer Weile versuche ich, ihm in die Augen zu blicken. Ich spüre, dass ich dazu in der Lage bin. Ich sehe ihn ganz ruhig an. Meine Angst und die Verachtung sind verschwunden. Eine Befreiung!

Ich sehe einen Mann vor mir, der auf seine eingeübte Weise einen klaren Hilferuf aussendet. Ich spreche nun ruhig und offen mit ihm – und das Erstaunliche geschieht. Es dauert vielleicht fünf Sekunden. Dann kommt sein wippender Fuß zur Ruhe!

So kann ein anderer Mensch mein Lehrer werden.

Reflexionen

Im Beispiel des vorigen Kapitels hatte ich mich durch meine ursprüngliche Reaktion zum Opfer des Mannes gemacht. Ich fühlte mich angegriffen. Das heißt, ich wählte das Unglück. *Wenn er sich nur anders verhalten hätte, dann ...* Dieses Beispiel lässt keinen Zweifel daran:

Ich ärgerte mich aus anderen Gründen, als ich glaubte.

Warum habe ich mich überhaupt geärgert?

Ich habe mich geärgert, weil ich mich dazu *entschieden* hatte, seine Körperhaltung als Angriff auf mich zu verstehen. Ich habe die Wirklichkeit falsch interpretiert. (Für die Wahrheit – die Angst des Mannes – hatte ich keinen Blick.) Es war meine eigene Sicht der Dinge, die mich verwundbar machte. Nicht »die da draußen« waren das Problem. Das Problem befand sich in mir. In meinen Gedanken. Indem ich ihn verurteilte, büßte ich auch meine Freude und Präsenz ein.

Es ist nicht meine Aufgabe, den Mann zu verändern. Es geht mir darum, Verantwortung für meine Beziehungen zu ihm zu übernehmen. Das Einzige, was ich verändern kann, ist meine Sichtweise auf ihn.

Lesen Sie langsam:

Was ich verändern kann, ist das Bild, das ich von mir selbst habe.

Was ich verändern kann, ist das Bild, das ich von anderen Menschen habe.

Die Menschen verändern sich, wenn sich mein Bild von ihnen verändert.

Die Welt verändert sich, wenn sich mein Bild von ihr verändert.

* * *

Lesen Sie abschließend:

Je mehr ich in der Lage bin, den Schmerz und den Hilferuf des anderen wahrzunehmen, desto weniger können mich die Verachtung und Arroganz verletzen, mit denen er sich zu schützen versucht. Je besser ich dies verstehe, desto freier und unverwundbarer werde ich.

Ich kann meinen Blick schulen, um Folgendes zu erkennen:

Jede Angst ist eine Bitte um Hilfe.

Denken Sie eine Weile über folgende Behauptung nach:

Nur meine liebevollen Gedanken über einen anderen Menschen sind wahr.

Könnte das möglich sein?

Ich habe mir diesen Gedanken eine geraume Zeit durch den Kopf gehen lassen und ihn hin und her gewendet. Ich habe Beispiele gefunden, die ihn bestätigen. Ich bin auf andere Beispiele gekommen, die ihm zu widersprechen scheinen.

Das Beispiel von dem Mann mit dem wippenden Fuß bestätigt diesen Gedanken.

Könnte es sein, dass er unter allen Umständen zutrifft?

Hilfe!

Beschäftigen wir uns ein bisschen mit der *Angst*:

Wenn ich mir die Situationen ins Gedächtnis rufe, in denen ich mich ängstlich, unsicher und nervös fühlte, dann wird mir bewusst, dass ich mich immer nach irgendeiner Form der Hilfe gesehnt habe. Mein stummer Schrei lautete immer: *Helft mir!*

Ein Mensch, der Angst hat, sehnt sich nach Hilfe.

Doch vielleicht habe ich dem nicht Ausdruck gegeben.

Vielleicht wollte ich meine Angst vor den anderen nicht zugeben, wollte meine Verletzlichkeit nicht offen zur Schau stellen. Ich verbarg meine Unsicherheit und bediente mich einer Maske, wirkte hart oder unnahbar. Die Maske half mir, meine Angst zu überspielen.

Ich tat in jedem Fall, was ich konnte, um mit einer schwierigen Situation fertigzuwerden. Damals war ich nicht in der Lage, meine Unsicherheit auf eine andere Art und Weise zu bekämpfen. (Das Tragen einer Maske ermöglicht es einem mitunter, extrem komplizierte Situationen irgendwie durchzustehen. Viele von uns haben schon zu diesem Mittel gegriffen, wenn sie sich vollkommen hilflos fühlten.)

Eine übliche Maske, um seine Angst und Unsicherheit zu verbergen, ist die der Unnahbarkeit, der Härte und Arroganz. Eine andere Maske kann Gleichgültigkeit, Kühle und Desinteresse sein. Oder Schweigen. Auch ein stark geschminktes Gesicht kann eine gewisse Unsicherheit verbergen. Masken sind stets dazu da, die eigene Angst (die Wahrheit) zu verbergen.

Jede Maske ist ein falscher Ausdruck.

Lesen Sie folgende Sätze und verinnerlichen Sie ihre Bedeutung:

Hinter jeder Maske, die ich sehe, verbirgt sich ein Hilferuf.

Je größer die Maske, desto lauter ist der Hilferuf.

Hinter jeder Maske, die ich sehe, verbirgt sich die Wahrheit ihres Trägers.

Vielleicht kann man von einer Maske verzaubert werden. Sich regelrecht von ihr verführen lassen. Womöglich schrickt man vor ihr zurück. Doch niemand kann einer Maske seine ganze Liebe schenken. Liebe ist nur möglich, wenn man den Menschen hinter der Maske erkennt. Liebe ist nur möglich, wenn man die Wahrheit kennt.

Die Wahrheit sehen

Wenn ich die Wahrheit hinter den Masken sehe, dann bleibe ich bei der Begegnung mit anderen gegenwärtig und unverwundbar.

Bedienen Sie sich doch mal folgender Gedanken:

Ich bin fest entschlossen, meine Mitmenschen auf eine neue Art und Weise zu betrachten.

Hinter allen Masken nehme ich einen Hilferuf wahr.

Kälte, Härte und Arroganz können mich nicht mehr beeinflussen, denn sie bringen alle etwas Falsches zum Ausdruck. Sie sind Masken. Schutzschilder. Sie sollen die Angst ihrer Träger verbergen.

Denken Sie daran, wenn Sie anderen begegnen:

Masken sind immer dazu da, verschiedene Ängste zu verbergen.

Sie sind ein Ruf nach Hilfe!

* * *

Wenn Sie die Wahrheit erkennen – dass die Maske ein Schutz ist, um die Angst zu verbergen –, dann behalten Sie Ihre Kraft. Wenn Sie die Maske hingegen mit der Wahrheit verwechseln, fallen Sie ihr zum Opfer.

Wer Illusionen für wahr hält, wird geschwächt.

Wer die Wahrheit erkennt, wird gestärkt.

Sich für Frieden und Freude entscheiden

Meine Möglichkeiten, im Gleichgewicht zu sein und Freude zu empfinden, hängen nicht von äußeren Umständen ab.

Nehmen wir an, jemand am Arbeitsplatz oder zu Hause regt sich über Sie auf. In unfreundlichem Ton sagt diese Person etwas zu Ihnen, was Sie traurig macht oder verletzt. In diesem Moment sind Sie dem Verhalten eines anderen Menschen zum Opfer gefallen.

Wer kennt solche Situationen nicht?

In so einem Moment ist es nicht leicht, Folgendes zu akzeptieren:

Jedes Mal, wenn ich traurig oder wütend bin, habe ich etwas zu lernen.

Was soll man da lernen? Was könnte das sein?

Denken Sie daran, dass Ihr eigener Kummer und Schmerz nicht dadurch entsteht, dass sich die andere Person dumm oder lieblos verhalten hat. Versuchen Sie sich mit dem Gedanken anzufreunden, dass Ihre Gefühle davon abhängen, wie Sie das Verhalten des anderen interpretieren.

Sie haben sich dafür entschieden, das Verhalten des anderen als persönlichen Angriff aufzufassen. Doch wäre es nicht auch möglich, sein Verhalten *als Ausdruck seiner gestörten inneren Balance* zu begreifen?

Was hätte das zur Folge?

Wenn Sie sein Verhalten als Ausdruck seiner gestörten inneren Balance betrachten, dann brauchen Sie selbst nicht aus der Balance zu geraten oder Ihre Freude beeinträchtigen zu lassen. Warum sollte es Sie auch verletzen, wenn der andere ein Problem hat?

Wenn Sie die Wahrheit erkennen, werden Sie nicht verletzt.

Das heißt jedoch nicht, dass Sie sich damit abfinden müssen, sich so behandeln zu lassen. Ich möchte an dieser Stelle nur die Frage stellen: *Muss ich mich verletzt fühlen, weil ein anderer aus dem Gleichgewicht geraten ist (ein Problem hat)?*

In einem Augenblick, in dem alle negativen Gefühle von Ihnen Besitz ergreifen, kann es Ihnen so vorkommen, als hingen Ihre Gefühle vom Verhalten des anderen ab. Doch denken Sie daran, dass die Unfähigkeit eines anderen, sein Herz zu öffnen, dazu geführt hat, dass Sie Ihres verschließen!

Denken Sie daran, dass der »Fehler« in Ihrem Denken und Ihrer Interpretation begründet liegt.

Denken Sie daran, dass Sie verletzt sind, weil Sie die Realität falsch interpretiert haben.

Lesen Sie im Stillen:

Ich kann mich entscheiden, den Angriff eines anderen als Ausdruck seines gestörten inneren Gleichgewichts zu betrachten.

Ich kann mich dafür entscheiden, den Angriff eines anderen Menschen als Hilferuf zu verstehen.

Wenn ich den Angriff eines anderen Menschen als Ausdruck seines Problems betrachte, fühle ich mich nicht mehr angegriffen.

Es steht mir jederzeit frei, meine Sichtweise zu ändern.

Darf man nicht zornig werden?

Als ich einmal einen Vortrag hielt, saß im Publikum ein Mann, dem offenbar missfiel, was ihm da zu Ohren kam. Ich sprach darüber, dass wir uns frei entscheiden könnten, ob wir Opfer oder Gestalter unseres Lebens sein wollen, und dass mir im Laufe der Zeit klar geworden sei, dass man selbst über sein Glück entscheiden könne.

Der Mann wand sich auf seinem Stuhl, während sein Gesicht rot anlief. Schließlich explodierte er: »*Meinen Sie etwa, dass man sich über gar nichts mehr aufregen darf?*«

Ich hatte keineswegs gesagt, dass man sich nicht aufregen dürfe. Ich sagte nur, dass ich mich in meinem Leben *aus reiner Gewohnheit* oft für den Zorn (das Unglück) entschieden hätte, weil das eben meine erlernte Verhaltensweise war.

»Können Sie mir ein Beispiel geben?«, fragte ich den Mann. »Ja«, antwortete er. »Ich baue gerade einen Schuppen in meinem Garten. Stellen Sie sich vor, dass ich ein langes Holzbrett abmesse. Ich messe ganz genau, weil es exakt drei Meter lang sein soll. Dann säge ich es an der markierten Stelle ab. Als ich es später in die Wand einpassen will, entdecke ich, dass es einen Zentimeter zu kurz ist! Da hat man doch wohl allen Grund, aus der Haut zu fahren!«

Ich verstand ihn. Ich überlegte. Nach einer Weile versuchte ich es mit folgendem Bild. Ich fragte ihn: »Welcher von diesen beiden Männern möchten Sie sein? Der erste Tischler misst ein Brett ab, das genau drei Meter lang sein soll. Er sägt es ab. Als er es einpassen will, entdeckt er, dass es einen Zentimeter zu kurz ist. Er bekommt einen Tobsuchtsanfall und schleudert wütend den Hammer weg. Er steckt sich eine Zigarette an, obwohl er eigentlich mit dem Rauchen aufgehört hatte. Dann geht er entnervt nach Hause.

Der zweite Tischler misst ebenfalls ein Brett ab, das genau drei Meter lang sein soll. Er sägt es ab. Als er es einpassen will, entdeckt er, dass es einen Zentimeter zu kurz ist. Er betrachtet das Brett. Dreht es eine Weile hin und her. Wie interessant, sagt er sich. Es ist einen Zentimeter zu kurz. Wozu könnte ich das jetzt benutzen? Welcher dieser beiden Tischler möchten Sie sein, wenn Sie die Wahl hätten?«

»*Meinen Sie etwa ...*«, sagte der Mann, »*... dass man wirklich die Wahl hat?*«

* * *

Der eine Tischler ist ein Opfer. Er wählt das Unglück. Der andere sieht neue Möglichkeiten. Er ist ein Gestalter. Er entscheidet sich für die Freude.

Wir entscheiden selbst, wie wir auf die Wirklichkeit reagieren.

Wir erschaffen unsere eigene Wirklichkeit.

Meine »Bretter« – eine Übung

Der Mann im vorigen Kapitel veranlasste mich zu einer komischen Wortschöpfung. Ich begann über die »Bretter meines Lebens« nachzudenken.

Hier folgt die Definition eines solchen Bretts:

Ein Brett ist etwas (eine Sache, eine Erscheinung), das ich mir selbst ausgesucht habe, um der Verantwortung auszuweichen, all meine Freude, Kraft und Größe zu entfalten.

Die Bretter anderer Personen zu erkennen, fällt meist nicht besonders schwer. Vielleicht kennen Sie selbst Menschen in Ihrer Umgebung, über die Sie denken: Der könnte wirklich mal aufwachen! Oder: Mein Gott, wie viele Bretter die hat!

Betrachten Sie für eine Weile Ihre eigenen Bretter!

Erstellen Sie eine Liste. Unscheinbare Anlässe, über die Sie sich aufregen. Dinge, die Ihnen Freude und Energie rauben. Notieren Sie sich zehn Bretter. (Krümel auf der Tischdecke, herumliegende Schuhe im Hausflur, Drängler in der Autoschlange …)

Registrieren Sie, was das nächste Mal passiert, wenn Sie mit einem Ihrer Bretter in Berührung kommen. Vielleicht starren Sie es zunächst sprachlos an – um plötzlich in schallendes Gelächter auszubrechen!

Denn so ist das eben mit den Brettern: Man muss sie nur erkennen und ihnen seine Aufmerksamkeit schenken, dann verschwinden sie, lösen sich einfach in Luft auf.

Das kann eine herrliche Beschäftigung sein: Wenn Sie nach einem halben Jahr erneut einen Blick auf Ihre Liste werfen, können Sie vielleicht ein Brett nach dem anderen durchstreichen. Sie haben Ihre alten Bretter einfach über Bord geworfen!

Dann können Sie sich selbst zu mehr Freude im Leben beglückwünschen!

Dies ist eine Übung, um sich aus der Opferrolle zu befreien. Sie ist eine Möglichkeit, sich für die Freude zu entscheiden. Es geht darum, in der Praxis zu verstehen, dass Glück eine Wahl ist.

Indem ich die Bretter in meinem eigenen Leben erkannte, konnte ich schließlich die Wahrheit dieses großartigen Satzes akzeptieren:

Ich erschaffe meine eigene Wirklichkeit.

Katastrophe oder Möglichkeit

Manchmal fällt es uns schwer, die Realität so zu akzeptieren, wie sie ist.

Kennen Sie diese Situationen?

Der Zug hat Verspätung – *ich werde nervös.* Der Flug ist gestrichen – *ich bin außer mir!* Der neue Wagen hat eine Beule – *ich koche vor Wut!* Jemand hat den Kaffee aufgebraucht und keinen neuen gekauft – *ich drehe durch!*

Wir verzweifeln an der Realität. Wir empören uns und versuchen, die Wirklichkeit – diesen Koloss! – dahin zu bewegen, wo wir sie gerne hätten. Das macht das Leben entsetzlich anstrengend.

Wenn Sie sich an einen neuen Gedankengang gewöhnen wollen, versuchen Sie es zunächst mit folgenden Sätzen:

Der Zug hat Verspätung – *ich ENTSCHEIDE mich für die Nervosität.* Der Flug ist gestrichen – *ich ENTSCHEIDE mich außer mir zu sein.* Der neue Wagen hat eine Beule – *ich ENTSCHEIDE mich vor Wut zu kochen.* Jemand hat den Kaffee aufgebraucht und keinen neuen gekauft – *ich ENTSCHEIDE mich dazu durchzudrehen.*

* * *

Albert Einstein hat einmal gesagt, dass es hauptsächlich um die Frage gehe, ob wir das Universum als freundlichen oder als feindlichen Ort betrachten.

Die Wahl liegt bei uns. Das Universum ist, wie es ist. Die Umstände sind nicht zu ändern. Doch jeder Einzelne kann sich entscheiden, wie er auf die Umstände reagieren will. Entscheide ich mich für die Opferrolle, oder will ich die verschiedenen Möglichkeiten sehen, mein Leben selbst zu gestalten?

Entscheide ich mich für eine neue Sicht auf die Wirklichkeit, ändern sich auch meine Gefühle und Reaktionen. Ich erschaffe mir eine neue Wirklichkeit.

Wenn Sie das nächste Mal wütend werden, versuchen Sie es mit folgendem Gedanken:

Ich kann mich dafür entscheiden, die Wirklichkeit mit anderen Augen zu sehen.

Das könnte folgenden Gedankengang nach sich ziehen:

Der Flug ist gestrichen – *Welche Möglichkeiten birgt die neue Situation? Ich weiß nicht, was mich anstelle des Fluges erwartet. Ich werde sicher neue und interessante Menschen kennenlernen. Ich bin gespannt, was sich jetzt ergeben wird!*

Vielleicht nehmen Sie sogar diesen Blickwinkel ein: Der Flug ist gestrichen – *Wer weiß, wozu das gut ist. Wer weiß, wovor mich die neue Situation bewahrt!*

Denken Sie immer daran: Ich allein entscheide, welche Bedeutung die Dinge haben, die in meinem Leben geschehen.

Lesen Sie im Stillen:

**Jeder meiner Gedanken über die Wirklichkeit schafft entweder Freude, Neugier und Inspiration in mir, also Glück,
oder eine Form der Irritation, Unruhe und Schwäche, also Unglück.**

* * *

Gönnen Sie sich selbst eine spannende Woche in Ihrem Leben. Wiederholen Sie mehrmals am Tag, so oft Sie mögen:

Ich entscheide selbst, wie ich mich zur Wirklichkeit verhalte.

Auf diese Weise erschaffe ich meine eigene Wirklichkeit.

Tag für Tag glücklich sein

Wir nähern uns nun dem Ende von Buch 1.

Denken Sie eine Weile über diese Frage nach: Ist es möglich, mehrere Tage hintereinander glücklich zu sein? Woche für Woche! Monat für Monat! Vielleicht sogar Jahr für Jahr!

Wäre das möglich?

Vielleicht flüstert Ihnen eine innere Stimme jetzt zu: *Das kann doch nicht ernst gemeint sein. Das klingt unseriös. Ich weiß nicht einmal, ob ich das wollte.*

Womöglich fährt die Stimme fort: *Es gibt so viel Leid auf der Welt. Da habe ich doch kein Recht darauf, glücklich zu sein. Wie soll man Dinge verändern wollen, wenn man permanent glücklich ist? Man will ja auch nicht abstumpfen. Das Leben ist eben kein Wunschkonzert. Es hat Höhen und Tiefen. Glück empfindet man nur in kurzen Momenten. Alle wissen doch, dass das Leben ein Kampf ist. Nur Narren laufen stets glücklich durch die Gegend.*

Kommen Ihnen einige dieser Einwände bekannt vor? Ich kenne sie alle.

Stellen Sie sich mit Bedacht die folgende Frage:

Würden Sie sich dafür entscheiden, Tag für Tag glücklich zu sein – falls dies in Ihrer Macht stünde?

* * *

Eines Tages wurde mir klar, dass meine Erziehung mich ganz wesentlich daran hinderte, glücklich zu sein. Als Kind war ich zu Hause wie in der Schule von Erwachsenen umgeben, die mir vorlebten, dass es richtig ist, in einer ganzen Reihe von Situationen mit Unwillen, Missmut und Zorn (Unglück) zu reagieren.

Heute weiß ich, wie viele Menschen von Erwachsenen erzogen wurden, die auf unterschiedliche Weise zum Ausdruck brachten: *Wenn du dies tust, wird Mama traurig! Wenn du das machst, wird Papa böse! Du machst mich noch verrückt! Du kannst einen auch wirklich zur Weißglut bringen!*

Die Botschaft war eindeutig: Das Kind ist schuld, wenn seine Eltern irritiert, verärgert oder wütend sind.

Beim Kind kam die Botschaft folgendermaßen an: *Du bist daran schuld, dass es mir schlecht geht. Du bist die Ursache meiner Gefühle! Ich selbst trage für meine Gefühle keine Verantwortung.*

Das Kind war also gezwungen, Folgendes zu verinnerlichen: *Ich bin dafür verantwortlich, wie andere sich fühlen. Ich kann andere Menschen unglücklich machen.* Umgekehrt heißt das: *Meine Gefühle hängen davon ab, was andere sagen und tun.*

Die Erwachsenen machten sich nicht nur zum Opfer des Kindes, sondern ihrer gesamten Umgebung:

Es lag an seinem Chef, dass Papa so wütend war.
Es lag an Mama, dass Papa so verzweifelt war.
Es lag an der Verkäuferin, dass Mama ihre Handtasche im Geschäft vergessen hat.
Es lag an den Schülern, dass der Lehrer es so schwer hatte ...

Weitergedacht bedeutete dies: *Wenn sich die oder der nur anders verhalten würde, dann ...* Die Ursache für das eigene Missvergnügen, für Ärger und Zorn lag stets außerhalb der eigenen Person. Alles lag an den »anderen«! Man fiel den äußeren Umständen zum Opfer.

Ohne Eigenverantwortung.

Und das Kind übernahm die Methode, andere zu beschuldigen, um von der eigenen Verantwortung abzulenken.

So übertrug sich das Denkmuster der Opfer.

Es ist ein Denkmuster, das niemals Selbstständigkeit, Freude oder Energie erzeugt. Es ist vielmehr ein Denkmuster, das klein macht, Energie raubt, das Abhängigkeit, ein schlechtes Gewissen, Minderwertigkeitsgefühle und Angst erzeugt.

Für mich war es eine revolutionäre Erkenntnis, dass eine ganze Kultur mich gelehrt hatte, in verschiedensten Situationen mit Irritation, Verärgerung und Zorn zu reagieren, anstatt mit anderen Gefühlen, was ebenso gut möglich gewesen wäre. Dann hätte man auch ein Auge für die Chancen haben können, die jede Situation bietet!

Doch eines macht Hoffnung: Gewohnheiten lassen sich ändern.

Eine Möglichkeit, eine Veränderung einzuleiten, besteht darin, sich ein Bild von der Realität zu machen und dann zu begreifen, dass es jederzeit möglich ist, »umzulernen«. Man kann sich an neue Denkmuster gewöhnen! Niemand muss so bleiben, wie er immer war.

Stellen Sie sich jetzt erneut die provozierende Frage:

Ist Glück eine Wahl?

Sind Sie neugierig auf die Möglichkeiten geworden, die sich daraus ergeben? Versuchen Sie in den nächsten Tagen, an einer vertrauten Situation zu üben, über die Sie sich bisher geärgert haben. Fragen Sie sich, welche Reaktionen noch möglich wären. Versuchen Sie, die Situation in einem neuen Licht zu sehen. Trainieren Sie eine neue Verhaltensweise – zunächst nur in Bezug auf diese eine Situation.

Falls Ihnen das gelingt, fragen Sie sich erneut:

Ist Glück eine Wahl?

Sich für das Glück entscheiden

Jedes Mal, wenn Sie sich für das Glück entscheiden, tun Sie etwas Großes.
Und beeinflussen damit die Welt, die Sie umgibt.

Wenn es Ihnen nicht gelingt, ist dies kein Grund, sich selbst zu verurteilen.

Glück ist eine Wahl.
Es ist weder Verpflichtung noch Notwendigkeit.

Glück ist eine Möglichkeit.

Das Leben bietet ständig neue Möglichkeiten.

Damit ist der Grundkurs beendet.

Ruhen Sie sich aus.

Alles braucht seine Zeit.

Buch 2

Über Projektionen

Um zu lernen, mich für die Freude zu entscheiden, muss ich den Zusammenhang zwischen Projektionen und persönlichem Unglück begreifen.

Was ist eine Projektion?

Andere zu beschuldigen, um von mir selbst abzulenken, ist eine Projektion.

Buch 2 handelt von Projektionen.

Ein allgemein üblicher Kniff

Es war für mich ein entscheidendes Aha-Erlebnis, als ich begriff, in welch enormem Umfang wir Menschen uns gegenseitig die Schuld in die Schuhe schieben. *Wir tun das, um etwas bei uns selbst nicht sehen zu müssen.* Das nennt man Projektion.

Projektionen sind ein allgemein üblicher Kniff, den wir oft in unseren Beziehungen anwenden.

Indem wir anderen die Schuld zuweisen, schieben wir die eigene Verantwortung von uns. Lenken von unseren Defiziten ab. Fühlen uns anderen überlegen. Gehen den eigenen Problemen aus dem Weg. Vermeiden das unangenehme Gefühl der Unzulänglichkeit. Waschen unsere Hände in Unschuld.

Ich habe meine Probleme oft damit zu lösen versucht, dass ich sie auf andere übertrug (projizierte). Erst sehr spät in meinem Leben begriff ich den Zusammenhang zwischen Projektionen und persönlicher Unzufriedenheit. Den anderen die Schuld zu geben, wird stets von negativen Empfindungen und Schuldgefühlen begleitet. Es ist sehr wichtig, diesen Zusammenhang zu begreifen.

Erinnern Sie sich daran:

In diesem Buch geht es darum, sich für die Freude zu entscheiden!

Es geht darum zu begreifen, dass sich jeder von uns frei entscheiden kann, ob er lieber anderen die Schuld in die Schuhe schieben (projizieren) oder Verantwortung für die eigenen Reaktionen und Gefühle übernehmen will. Die Entscheidung, Verantwortung zu übernehmen, erzeugt stets ein Gefühl der Befreiung und Freude. Projektionen hingegen werden von negativen Gefühlen begleitet.

Die Entscheidung zwischen Projektion und Eigenverantwortung ist also auch eine Wahl zwischen Unzufriedenheit und Freude!

Machen Sie sich mit folgendem Text vertraut:

Man spricht von Projektion, wenn man anderen die Schuld gibt, um von sich selbst abzulenken. Man scheut die Verantwortung für die eigenen Gefühle und Handlungen und so weiter. Man überträgt eigene Probleme auf andere. Man beschuldigt jemanden, der unschuldig ist. Wenn dies geschieht, ist das ein Angriff. Wir alle haben das schon oft getan. Vielleicht sogar täglich in Situationen, die wir als harmlos einschätzen. Und dennoch ist es jedes Mal ein Angriff.

Denken Sie erneut daran, was hoffnungsvoll stimmt:

Alte Gewohnheiten lassen sich ändern.

Angriffe erzeugen Unglück

Das eigene Unvermögen, die eigene Angst, die eigenen Probleme und Defizite einer anderen Person anzulasten, ist immer ein Angriff auf diese Person.

Eines sollte man wissen:

Angriffe ziehen immer Schuldgefühle nach sich.

Projektionen (die ja anderen die Schuld zuweisen) führen also dazu, dass man selbst Schuld empfindet!

Projektionen schaffen *immer* Schuldgefühle.

Schuldgefühle und Glücksgefühle schließen sich aus.

* * *

In einigen der folgenden Kapitel gibt es verschiedene Beispiele für Projektionen.

Vielleicht verdeutlichen Ihnen die Beispiele, dass auch Sie manchmal negative Gefühle auf andere übertragen. Sie entdecken aber auch, wie Sie Projektionen vermeiden und die Verantwortung für Ihr Leben und Ihre Gefühle wiedergewinnen – wodurch sich Ihnen die Möglichkeit eröffnet, wieder mehr Freude zu empfinden.

Seine eigenen Projektionen zu erkennen, ist der erste Schritt, um sich von der Angewohnheit des Projizierens zu befreien.

Eine Projektion

Folgen Sie diesem Drama, das sich vor einigen Jahren abspielte:

Ich wache eines Morgens auf und sehe, dass der erste Schnee des Jahres gefallen war. Ich bin ein begeisterter Langläufer und freue mich darauf, meinem fünfjährigen Sohn Unterricht zu geben. Im Geiste sehe ich uns schon Seite an Seite durch den glitzernden Schnee gleiten! Ich hole also meine Skier aus dem Keller und finde auch noch ein Paar passende Kinderskier mit Stöcken. Dann begeben wir uns in die Loipe.

Er ist fünf Jahre alt. Dies ist sein erster Tag auf Skiern.

Ich bücke mich und befestige seine Schuhe in der Bindung. Sie passen auf Anhieb. Dann kommen wir zu den Stöcken. Ich zeige ihm, wie er die Hände von hinten durch die Schlaufen ziehen muss, damit die Riemen auf der richtigen Seite liegen. *»So kannst du dich richtig abstützen.«* Mein Sohn schaut. Ich halte ihm erneut den Stock mit der Schlaufe vor die Nase und erkläre ihm, wie man ihn festhält: *»Siehst du, so hast du ihn gut im Griff. Und wenn du hinfällst, verlierst du ihn nicht!«*

Doch mein Sohn will den Stock auf seine eigene Art festhalten. Er will seine Hand einfach direkt durch die Schlaufe stecken. Das ist ja auch das Einfachste. Ich zeige ihm erneut, wie er es richtig macht. *»Ich weiß schon, es ist ein bisschen kompliziert. Am Anfang hatte ich damit auch Schwierigkeiten ...«* Ich demonstriere ihm wieder, wie es geht. *»Siehst du, wenn du jetzt hinfällst, dann hängt der Stock an deinem Handgelenk, und du verlierst ihn nicht. Sonst musst du unter Umständen ewig nach ihm suchen ...«*

Doch er will die Stöcke immer noch auf seine eigene Art festhalten. Wir beginnen langsam zu gleiten.

Das ist sein erstes Skierlebnis. Ich habe ein Gelände mit einer sanften Neigung ausgesucht. Mein Sohn stürzt sofort. Die Stöcke fliegen durch die Luft. Ich bücke mich, hebe erst den einen, dann den anderen auf. Wir versuchen es erneut. Er fällt. Ich sammele die Stöcke auf. Meine Ungeduld wächst. Die ganze Freude ist verflogen, »weil er nicht tut, was ich ihm sage«. Nach etwa zwanzig Minuten höre ich mich selbst verzweifelt schreien: »*Herrgott, kannst du nicht einmal auf mich hören?*«

Dies ist eine Projektion. Die Botschaft meines Ausbruchs ist: *Du bist Schuld daran, dass wir keinen Spaß haben!*

Seine Augen füllen sich mit Tränen. »*Ich will nach Hause*«, sagt er.

Unser Skiausflug ist beendet. Ich bin verzweifelt. Was habe ich nur getan? Wenn ich ihn das nächste Mal frage, ob er es versuchen möchte, wird er »Nein« sagen. Ich habe ihm für immer die Lust am Ski fahren verdorben. Ich fühle mich schuldig. Mir geht es schlecht.

* * *

Wenige Tage später spreche ich mit einem Skilehrer über mein Erlebnis. Er erklärt mir, dass Fünfjährige in motorischer Hinsicht immer noch in der Entwicklung sind. Gleichzeitig auf Skier und Stöcke achten zu müssen, überfordert sie. Bei den ersten Versuchen ist es besser, wenn man die Stöcke weglässt, sagt er. Die Kinder müssen sich erst mal daran gewöhnen, mit den Skiern ein wenig zu gleiten. Später kommen dann die Stöcke hinzu. »Aha«, sage ich, »*vielen Dank für den Tipp.*«

Ich ärgerte mich aus anderen Gründen als ich glaubte.

Das Problem lag bei mir. Der Junge hatte damit nichts zu tun. Es lag nicht an ihm, dass ich mit der Situation nicht zurechtkam. Ich war starrsinnig, hatte zu wenig Einfühlungsvermögen, wollte meinen Kopf durchsetzen. Und auch an meiner Methodik haperte es.

Ich verlor die Geduld und »löste« mein eigenes Problem, indem ich meinen Sohn dafür verantwortlich machte. Natürlich hatte ich keinen Blick für mein eigenes Kontrollbedürfnis. Für mein Bedürfnis, recht zu haben. Ich erklärte jemand für schuldig, den nicht die geringste Schuld traf. *Das war eine Projektion.*

Projektionen dienen immer dem Zweck, die Verantwortung von sich fortzuschieben.

Indem ich mir einredete, dass mein Sohn der Anlass meiner Verärgerung war, irrte ich mich! Ich machte ihn dafür verantwortlich, weil ich mir mein eigenes Unvermögen, die Ruhe zu bewahren, nicht eingestehen wollte. Ich wollte meine Eigenverantwortung nicht wahrhaben. Mein Zorn sollte den Jungen dazu bringen, sich schuldig zu fühlen.

Wäre es möglich, dass jeder Zorn einen anderen Menschen dazu bringen soll, sich schuldig zu fühlen?

Der Konflikt entstand durch meine Art, mit der Situation umzugehen. Ein anderer Mensch hätte sich anders verhalten. Somit wird sehr deutlich, *dass ich meine eigene Wirklichkeit erschaffe.*

Eines macht Hoffnung: Wer seine Projektionen erkennt, hat die Möglichkeit, sein Verhalten zu ändern.

Nicht deine Schuld

Natürlich kann man verzweifelt sein, wenn man plötzlich seine Projektionen (wie im Beispiel mit dem Ski laufen) erkennt. Dann macht man sich Vorwürfe. Was habe ich nur getan? Doch sollte man nie vergessen:

Es ist nie zu spät, eine gestörte Beziehung wieder ins Gleichgewicht zu bringen.

Vielleicht braucht man zunächst ein bisschen Zeit, um in sich zu gehen. So wie auch ich ein wenig Zeit brauchte, bis ich in der Lage war, zu meinem Sohn zu gehen und ihm ganz aufrichtig zu sagen:

»Du weißt doch noch, wie wir neulich Ski laufen wollten und ich dich irgendwann angebrüllt habe ...«

Mein Sohn nickt.

»Eines musst du wissen: ES HATTE NICHT DAS GERINGSTE MIT DIR ZU TUN! Es ist wichtig, dass du das weißt.«

»Es hatte nicht das Geringste mit dir zu tun!« Das ist ein wunderbarer Satz. Er ist vollkommen wahr.

Ich kann diesen Satz natürlich nicht aussprechen, ehe ich mir über meine eigene Projektion klar geworden bin. Erst wenn ich vollständig begriffen habe, dass ich mich aus anderen Gründen ärgerte, als ich glaubte, kann ich diese befreienden Worte aussprechen.

* * *

Ich will mit diesem Buch auch verdeutlichen, wie befreiend es ist, seine eigene Verantwortung zu erkennen, statt andere für schuldig zu erklären. Erkennen Sie den enormen Gewinn, den Sie daraus ziehen! Indem man anderen nicht mehr zum Opfer fällt, entwickelt man sich zu einer reifen, verantwortungsvollen Persönlichkeit, die ihr Leben selbst gestaltet.

Das ist ein unglaublich befreiendes Gefühl, das einem neue Energie und Lebensfreude schenkt.

Im Beispiel mit meinem Sohn habe ich ihm indirekt gesagt: »**Du machst mich so wütend!**«

In Wahrheit war ich aber wütend auf mich selbst.

In diesem Moment wurde mein Sohn zu meinem Lehrer und ich zu seinem Schüler. Diese Erkenntnis kann mich mit Freude und Dankbarkeit erfüllen.

Eine wichtige Erkenntnis

Lesen Sie diesen wichtigen Satz ein weiteres Mal:

Ich ärgere mich aus anderen Gründen, als ich glaube.

Ich weiß (aus eigener Erfahrung), dass dieser Satz provozierend wirken kann. Wenn ich auf jemanden böse bin, dann bin ich in der Regel auch vollkommen überzeugt davon, dass der andere meinen Zorn verursacht. Lesen Sie erneut:

Ich ärgere mich aus anderen Gründen, als ich glaube.

In *Durch Begegnungen wachsen* bezeichne ich diesen Satz als den vielleicht wichtigsten im ganzen Buch. Überdenken Sie ihn und betrachten Sie dann die etwas sanftere Formulierung:

Ich bin nur höchst selten aus den Gründen irritiert, verärgert oder zornig, die ich für ursächlich halte.

Ich habe Jahre gebraucht, bevor ich einigermaßen in der Lage war, diesen Satz in praktisches Handeln umzusetzen. Noch heute passiert es mir, dass ich anderen die Schuld gebe, wenn ich mich aufrege. Doch immer öfter begreife ich hinterher, dass meine Verärgerung nichts mit jemand anderem zu tun hatte. Sie hat ausschließlich mit mir zu tun. Die Ursache liegt in mir selbst.

Vielleicht hat ein anderer einen empfindlichen Punkt von mir getroffen. Oder es waren meine Ängste, mein mangelndes Selbstbewusstsein, mein Kontrollbedürfnis oder meine fehlende Flexibilität, die mich aus dem Gleichgewicht brachten. In jedem Fall hatte meine Irritation mit etwas in meinem Inneren zu tun, das ich nicht sehen wollte oder konnte.

Ich reagierte nach dem »alten Muster« – ich beschuldigte jemand anderen (projizierte), um mein Unbehagen zu unterdrücken. Ich versuchte mir einzureden, dass die Ursache für meine Gefühle außerhalb von mir läge.

Lesen Sie erneut:

Ich ärgere mich aus anderen Gründen, als ich glaube.

Dieser Satz ist vielleicht das wirksamste Werkzeug, das mir hilft, mich aus der Opferrolle zu befreien und ein reifer, verantwortungsvoller Mensch zu werden.

Er hilft mir, Folgendes zu begreifen:

Das Problem ist nur äußerst selten irgendwo »da draußen«.

Die Ursache meiner Irritation befindet sich in mir.

Wenn du nur ...

Kennen Sie folgende Gedanken?

Alles wäre besser, *wenn nur die anderen ... Das* gesamte Projekt würde fantastisch laufen, *wenn nur mein Kollege ...* Eigentlich würde mir mein Beruf als Lehrer wirklich Spaß machen, *wenn nur der Direktor ...* Wir hätten es so schön zusammen, *wenn nur du nicht ...*

Wenn ich projiziere, gehört »wenn nur ...« zu meinen Lieblingswörtern.

Erinnern Sie sich:

Projektionen dienen immer dem Zweck, sich von Verantwortung und Schuld zu befreien.

Wenn ich projiziere, scheint mein Wohlbefinden immer von anderen oder von den Umständen abzuhängen. Alles würde viel leichter und besser sein, wenn nicht er ... oder sie ... wenn nicht die anderen ...

Das »Wenn-nur-Denken« hat stets den Zweck, von meiner eigenen Verantwortung abzulenken – der Verantwortung für mein Leben, meinen Erfolg, meine Gefühle, meine Freude und mein Glück. Die Grundeinstellung lautet: *Ich falle stets anderen Menschen zum Opfer.*

* * *

Doch es kann eine lähmende Wirkung haben, wenn ich davon überzeugt bin, dass alles in meinem Leben von anderen Menschen oder den äußeren Umständen abhängt – vom Partner, vom Wetter, den Schülern, dem Chef, der eigenen Kindheit …

Wenn all diese Dinge anders wären, dann könnte ich ein glückliches Leben führen.

Vielleicht sind Sie schon mal einem Menschen begegnet, dessen Projektionen der Dreh- und Angelpunkt seines Denkens waren. Ständig läuft alles schief, und immer sind die anderen schuld.

Einem solchen Menschen zu begegnen, kann einen sehr nachdenklich machen.

Rufen Sie sich noch einmal den Zweck von Projektionen ins Gedächtnis:

Projektionen dienen immer dem Zweck, mich von Verantwortung und Schuld zu befreien.

Noch eine Projektion

Wiederholen Sie zunächst den zentralen Satz des vorigen Kapitels:

Projektionen dienen immer dem Zweck, mich von Verantwortung und Schuld zu befreien.

Hier folgt ein Beispiel mit zwei Erwachsenen:

Per und Lena sind miteinander verheiratet. Per war ein paar Tage lang auf einer Dienstreise und befindet sich nun auf dem Heimweg. Er hat Sehnsucht nach Lena. Beruflich lief alles bestens, und jetzt freut er sich auf einen richtig gemütlichen Abend mit seiner Frau. Per nähert sich dem Haus, in dem sie wohnen. Es ist schon spät am Abend und die Fenster sind hell erleuchtet – so hell, wie Pers Leben in diesem Moment aussieht.

Im Haus sind Lena und ihr zweijähriger Sohn Johan, der gerade aufgewacht ist. Das tut er manchmal am späten Abend oder mitten in der Nacht, was Lena schon manch schlaflose Nacht beschert hat. Lena fühlt sich erschöpft. So sieht *ihr* Leben momentan aus.

Als Per das Haus betritt, ist Lena nicht zu sehen. Sie ist im Schlafzimmer und mit Johan beschäftigt. Per packt seine Tasche aus und stellt alles an seinen Platz. Seine Thermoskanne mit Kaffe stellt er neben die Spüle.

Dann steht Lena plötzlich in der Küche. Per sagt Hallo. Lena sagt auch Hallo. Doch warum starrt sie die Thermoskanne so an? *»Da ist sie ja!«*, sagt Lena. Sie klingt gereizt. Hat sie etwa schlechte Laune? Das wäre ungewöhnlich. Plötzlich nimmt sie die Kanne, schleudert sie ins Spülbecken und faucht: *»Jetzt kann ich sie nicht mehr benutzen!«*

Per ist sauer. »*Was für ein liebevoller Empfang!*«, sagt er vorwurfsvoll. (Per reagiert, indem er sofort Lena die Schuld gibt. Er entscheidet sich dafür, sich angegriffen zu fühlen.)

»*Das ist meine neue Thermoskanne!*«, sagt Lena. »*Ich habe sie gekauft, um darin warmes Wasser für Johan aufzubewahren, falls er nachts wach wird. Damit kann ich dann gleich seinen Brei anrühren. Und jetzt ist sie hinüber!*« – »*Was soll das heißen, hinüber?*«, fragt Per. »*Weil du Kaffee darin hattest!*«, antwortet Lena. »*Der Geschmack geht nie mehr raus!*« Per stöhnt auf. »*Ach, Herrgott! Das kann doch wohl nicht so schlimm sein! Da komme ich nach einer anstrengenden Reise nach Hause, und du bereitest mir solch einen Empfang!*« (Jetzt ist Per noch vorwurfsvoller und bürdet Lena noch mehr Schuld auf.)

Per ist stinksauer! Er macht auf dem Absatz kehrt und stürmt aus der Küche. Dann knallt er die Tür des Gästezimmers hinter sich zu und ruft: »*Jetzt hast du den Abend kaputt gemacht!*« Er legt sich in ein kaltes Bett. Liegt wach, ist eingeschnappt und hat Selbstmitleid.

Eine innere Stimme flüstert ihm zu:

Das darf doch wirklich nicht wahr sein. Da kommt man erschöpft nach Hause, und sie macht einem wegen einer Lappalie so eine Szene! Manchmal ist sie wirklich unberechenbar, und ich muss das alles ertragen. Wenn sie doch nur anders wäre... An der ganzen Situation trägt allein sie die Schuld!

An dieser Stelle möchte ich innehalten. Erkennen Sie, was hier passiert?

Per ist vollkommen, zu 100 Prozent, dafür verantwortlich, wie er Lenas Verhalten interpretiert. Denken Sie an den wichtigen Satz:

Ich ärgere mich aus anderen Gründen, als ich glaube.

Vielleicht finden Sie, dass dieser Satz hier nicht in Betracht kommt. Hat Per nicht allen Grund, verärgert zu sein, wenn Lena ihn so »unfreundlich« empfängt? Ist es nicht vollkommen klar, dass Lena lernen muss, sich zu beherrschen?

Fragen Sie sich trotzdem: Warum fühlt sich Per verletzt, wenn Lena aus dem Gleichgewicht gerät? Warum läuft er aus der Küche und lässt sie dort allein? (Er tut nicht das, was er sich an diesem Abend am meisten wünscht.) Warum bleibt er nicht bei ihr und hört ihr zu? (Er scheint nicht zu wissen, was das Beste für ihn ist.)

* * *

Als Per sich Stunden später beruhigt hat, ist er in der Lage, die Dinge klarer zu sehen:

Ich bin es wohl einfach gewohnt, mich sofort angegriffen zu fühlen und eine Verteidigungshaltung einzunehmen. Und hinterher gebe ich ihr einfach die Schuld an der ganzen Angelegenheit.

Es ist doch peinlich, dass ich nicht in der Lage bin, vor ihr stehen zu bleiben und zuzuhören. Sie macht mir sehr klar, wie verletzlich ich bin. Deshalb laufe ich davon.

Als ich aus der Küche rannte, wollte ich natürlich, dass sie sich schuldig fühlte, später zerknirscht zu mir kommt und mich um Entschuldigung bittet. Das war's, was ich eigentlich wollte.

Das Schlimmste an der Sache ist, dass ich sie in Gedanken verfluche, während ich im Bett liege. Jetzt weiß ich, dass all diese negativen Gedanken nur dazu da sind, um von meiner eigenen Unzulänglichkeit abzulenken. Ich will davon ablenken, dass ich nicht in der Lage bin, mich ihr ganz zu öffnen, und spiele stattdessen die beleidigte Leberwurst. Ich will verletzt sein. Ich will ein Opfer sein. Ich will unglücklich sein – um ihr daran die Schuld zu geben!

Eine großartige Einsicht! Ich merke, dass ich selbst für mein Unwohlsein verantwortlich bin. Diese Einsicht kann einem schwer zu schaffen machen. Sie kann aber auch eine Befreiung aus der selbst gewählten Opferrolle bedeuten. Ich kann die Schuld nicht mehr länger von mir fortschieben. Die Wahl liegt ganz bei mir. Ich kann mich dazu entschließen, ein Opfer zu sein, oder ich kann mich für ein reifes, verantwortungsvolles, selbstbestimmtes Leben entscheiden. Wer will ich sein?

Hurra! Ich begreife, dass ich mir selbst einrede, von Lena »mal wieder ungerecht behandelt zu werden«. Dadurch wird mir etwas Wichtiges klar:

Wenn ich negativ auf jemand anderen reagiere, liegt das an meinen eigenen Problemen und meiner eigenen Unvollkommenheit.

Ich begreife auch Folgendes:

Ich beschuldige jemand anderen, um mich von Verantwortung und Schuld zu befreien.

Keine Selbstverleugnung!

Ich möchte dem Beispiel des vorigen Kapitels folgenden Kommentar hinterherschicken:

Ich sage nicht, dass nicht auch Lena etwas zu lernen hat. Wenn sich ähnliche Szenen zwischen ihr und Per ständig wiederholen, wäre es für beide vielleicht das Klügste, fremde Hilfe in Anspruch zu nehmen.

Und wenn Sie immer wieder von Ihrem Partner, Ihrem Chef, Ihren Kollegen etc. gekränkt und schlecht behandelt werden, dann fliehen Sie! Schützen Sie sich selbst!

Dieses Buch will keineswegs zur Selbstverleugnung aufrufen!

Jedes Kapitel dieses Buches will Ihnen auf unterschiedliche Art vermitteln, wie Sie sich aus der Opferrolle befreien können. Das bedeutet nicht, dass Sie das negative Verhalten eines anderen akzeptieren oder sogar die Verantwortung dafür übernehmen sollen. Machen Sie sich niemals zur Zielscheibe eines anderen!

* * *

Wenn es schmerzt, sich angegriffen zu fühlen, dann fragen Sie sich, ob Sie daraus nicht etwas lernen können. Vielleicht können dies beide Seiten. Doch Sie sind in erster Linie für Ihre eigenen Reaktionen verantwortlich.

Ich will recht haben!

Wenn man irritiert, verärgert oder wütend ist, neigt man dazu, andere dafür verantwortlich zu machen. Man tut dies, um über eigene Ängste und Schwächen hinwegzutäuschen.

Es ist gut zu wissen:

Vorwürfe und Schuldgefühle gehen oft Hand in Hand.

Vielleicht will ich meine Vorwürfe unbedingt bestätigt bekommen. Ich halte an meiner Überzeugung fest, dass die Worte oder das Verhalten des anderen die Ursache für meine Gefühle und Probleme sind. An allem trägt der andere die Schuld. (Und manchmal konstruiere ich die ausgeklügeltsten Zusammenhänge, um von meiner eigenen Verantwortung abzulenken.)

Wer kennt das nicht?

Man will lieber recht haben, als sich selbst auf die Schliche zu kommen, etwas zu lernen und sich zu entwickeln.

* * *

Im Alltag kommt es oft zu spontanen und unbewussten Projektionen.

Ich befinde mich plötzlich im Konflikt mit einem anderen Menschen. Ich werde zornig oder unsicher. Ich denke: *Er ist Schuld, dass ich mich so fühle.* Ich werfe dem anderen sein Verhalten oder seine Worte vor. Ich glaube, dass sein Verhalten oder seine Worte für mein Befinden verantwortlich sind.

In diesem Moment bin ich vollkommen überzeugt davon, dass er die Ursache für mein Befinden ist. Ich will oder kann nicht verstehen, dass ich selbst für meinen Missmut verantwortlich bin.

(Ich will oder kann mir auch nicht vorstellen, dass ein anderer in derselben Situation vielleicht ganz anders reagiert hätte – und dass auch ich anders hätte reagieren können!)

Rufen Sie sich immer wieder ins Gedächtnis:

Projektionen dienen dazu, die Wahrheit zu verschleiern.

* * *

Wir sind vollkommen von dem Gefühl durchdrungen, RECHT ZU HABEN. (Unsere starken Emotionen lassen einen anderen Gedanken gar nicht erst aufkommen.)

Wenn wir anderen die Schuld geben, wollen wir die Wahrheit nicht sehen. Wir sind ganz auf unsere Gefühle fixiert und denken: *Wegen dir fühle ich mich so schlecht. Ich fühle mich betrogen, bin zornig und verletzt, weil du mich so schlecht behandelst! Ich bin ein Opfer von dir. Es ist deine Schuld, dass ich so empfinde.*

Lesen Sie schließlich:

Zu Projektionen gibt es eine Alternative.

Befreit

Wie kann ich mich von der destruktiven Angewohnheit des Projizierens befreien? (Zumal sie so verbreitet und üblich ist, dass wir sie meist gar nicht bemerken.)

Eine Möglichkeit besteht darin, sich selbst zu beobachten.

Hier folgt eine Übung, mit der Sie beginnen können:

Nehmen Sie sich ein wenig Zeit, um darüber nachzudenken, bei welchen Gelegenheiten Sie sich in letzter Zeit über jemanden geärgert haben. Haben Sie vielleicht eine Auseinandersetzung mit Ihrem Partner, Ihren Kindern oder Ihren Kollegen gehabt und ihnen Vorwürfe gemacht? (Dann haben Sie sich aus anderen Gründen geärgert, als Sie glaubten, und nicht gesehen, dass die Ursache für Ihre Verärgerung in Ihnen selbst lag.)

Wenn Sie sich an ein solches Beispiel erinnern, dann fallen Ihnen vielleicht noch weitere Situationen ein, auf die Folgendes zutrifft: *Ich ärgere mich aus anderen Gründen, als ich in meinem erregten Zustand glaubte. Die Ursache für meinen Zorn lag in mir selbst begründet. In meiner eigenen Angst ... meinem mangelnden Selbstbewusstsein ... meinem Unvermögen, mich deutlich auszudrücken ... meinem Unvermögen, die Situation als Ganzes zu beurteilen ... meinem Unvermögen, liebevoll, aufmerksam und tolerant zu sein ...*

Versuchen Sie sich also mit der Tatsache anzufreunden, dass wir uns in der Regel aus anderen Gründen ärgern, als wir annehmen. **Unser Zorn und unsere emotionalen Vorwürfe sollen uns zumeist vor einer unangenehmen Selbsterkenntnis bewahren.**

In dieser Übung haben Sie vielleicht eine Situation ausgewählt, in der Sie jemandem etwas vorwarfen, wofür Sie selbst verantwortlich waren. Denken Sie immer daran, sich selbst gegenüber achtsam und tolerant zu sein! Sie haben in jedem Augenblick so gut gehandelt, wie es Ihnen möglich war. Nun haben Sie die Möglichkeit, den nächsten Schritt zu machen und sich auf eine neue und andere Art und Weise mit der Wirklichkeit auseinanderzusetzen.

Erwachsen werden

Vielleicht verspüren Sie ja selbst das Bedürfnis, sich von der unangenehmen Angewohnheit, andere für Ihre negativen Gefühle verantwortlich zu machen, zu befreien. Der folgende Text hat mir sehr geholfen. Er ist klar und deutlich. Wie eine kurze Übungsanleitung im Denken.

Lesen Sie langsam:

Ich habe gerade ein Problem. Ich bin aus dem Gleichgewicht geraten. Das ist wahr.

Doch ich werfe dir nicht vor, dass ich mich in diesem Zustand befinde.

Ich werfe dir nicht vor, dass ich meine Balance verloren habe.

Irgendetwas, das du getan oder gesagt hast, hat etwas in mir zum Leben erweckt – doch was ich fühle, hat nichts mit dir zu tun.

Ich bin mir über die Ursache meiner Gefühle noch nicht im Klaren. Ich weiß nur, dass ich mich in der Regel aus anderen Gründen ärgere, als ich glaube. Darum werfe ich dir nicht vor, wie ich mich momentan fühle.

Ich habe meine Gefühle.
Aber du bist nicht die Ursache von ihnen.

Die Ursache für meine Gefühle liegt in mir selbst.

Es ist nicht besonders konstruktiv, dich für mein Problem verantwortlich zu machen.

Darum mache ich mich nicht zu deinem Opfer.

Ich gebe dir nicht die Schuld, nur weil du mich auf meine Probleme und Defizite aufmerksam gemacht hast.

Das alles sehe ich klar und deutlich.

Das ist fantastisch!

Einst war ich ein Junge
und dachte wie ein Junge.
Jetzt bin ich ein Mann
und lebe als Mann.

erwachsen

Mein Ego

Doch warum projizieren wir? Was ist das in uns, das so oft anderen die Schuld geben will? Das stets nach Fehlern und Mängeln zu suchen scheint, um sie anderen vorwerfen zu können? Das ständig flüstert: *Die anderen sind schuld. Wenn sie nur* ... Was ist das in uns, das uns so gern als Opfer sehen will?

Dieses »Etwas« möchte ich in diesem Buch als Ego bezeichnen.

Es ist unser Ego, das hinter allen Projektionen steht.

Das Ego flüstert: *Du **musst** verärgert und enttäuscht sein, wenn er dich so behandelt. Es ist allein **seine** Schuld, dass sich alles so entwickelt hat! Es ist **ihre** Schuld, dass du es so schwer hast! Du musst doch böse werden, wenn **sie** sich so benehmen.*

Das Ego sucht die Ursachen immer bei den »anderen«. *Wann immer ein Problem auftaucht oder dir etwas gegen den Strich geht, dann gib jemand anderem die Schuld*, sagt das Ego. *Weise alle Schuld von dir! Verteidige dich!*

Das Ego will nicht, dass man sich entwickelt.

Das Ego betrachtet das Leben als Kampf. Wer Freude oder Glück empfindet, hat eben nur momentan Glück gehabt. Auf Glück folgt Unglück! In Konflikten blüht das Ego auf. Das Ego will immer recht haben. Das Ego verzeiht nie. Das Ego will Rache.

Das Ego will nicht, dass Sie glücklich sind.

Das Ego arbeitet allen Bestrebungen entgegen, dass man in sich geht und sich selbst hinterfragt. (Wer das tut, könnte ja die Lügen aller Projektionen entschleiern, die das Ego geschaffen hat.) Das Ego will nicht, dass Sie voller Energie sind, Frieden und Freude empfinden.

Das Ego will nie Ihr Bestes.

Die Triebfeder des Egos ist die Angst. Es entsteht aus der Angst und nährt sich von der Angst.

Wir alle haben ein Ego. Sicher brauchten wir es in unserer Kindheit und Jugend, um viele Situationen zu meistern, die von Chaos und Unsicherheit geprägt waren. Doch nun brauchen wir es nicht mehr.

Machen Sie sich bewusst:

Sie sind nicht Ihr Ego!

Ihr Ego ist nichts anderes als Ihr verinnerlichtes Selbstbild. Ihr Ego ist nichts anderes als eine Ansammlung von Ängsten. Ängste, nicht ganz so perfekt zu sein, wie Sie gern wären.

Die Wahrheit ist jedoch, dass Sie viel größer sind, als Ihr Ego Ihnen einredet.

Rufen Sie sich abschließend also Folgendes ins Gedächtnis:

Alle Gedanken, die ich über mich selbst habe, lassen sich ändern.

Das Ego überlisten

Das Ego ist sehr einfallsreich in seinen Versuchen, anderen die Schuld in die Schuhe zu schieben. (*Wenn sie nur ... wenn er nur ...*)

Um dem Ego nicht auf den Leim zu gehen, bedarf es eines pfiffigen und inspirierten Gedankens. Eines Gedankens, der das Ego überlistet. Eines ungewöhnlichen Gedankens. Leser von *Durch Begegnungen wachsen* erkennen ihn bestimmt wieder.

Jeder Mensch, dem ich begegne, ist für mich bestimmt.

Mit Hilfe dieses Gedankens verwandelt sich jeder Mensch, dem ich begegne, in jemand, der mir eine neue Möglichkeit eröffnet! Ein Angriff wird zu einer Herausforderung! Ein Mensch, der mir »Probleme bereitet«, wird zu einer Herausforderung. *Jede* Begegnung wird zu einer Herausforderung. Statt irritiert und zornig zu reagieren, kann ich sogar in mich hineinlachen und denken: *Natürlich ist der/die für mich bestimmt. Was will er/sie mir nur beibringen?*

Der Gedanke, dass jeder Mensch für mich bestimmt ist, hilft mir dabei, mich von einem Opfer in einen reifen, aktiven und verantwortungsvollen Menschen zu verwandeln.

Wenn Sie in den nächsten Tagen mit einer Person konfrontiert werden, die Ihren Ärger erregt, dann versuchen Sie es mit folgendem Gedankengang: *Jetzt steht also diese Person vor mir. Sie ist für mich bestimmt. Worauf weist sie mich hin? Was kann ich von ihr lernen?* Wenn Sie sich an diese Gedanken gewöhnen, werden Sie gewissermaßen in einer neuen Welt leben. Wo Sie früher Probleme sahen, entdecken Sie jetzt neue Möglichkeiten. Sie legen die Opferrolle ab.

Sie erschaffen Ihre eigene Wirklichkeit.

Wahrheit oder Illusion?

Wiederholen Sie den wichtigen Gedanken:

Es ist unser Ego, das hinter allen Projektionen steht.

Ein Beispiel: Sie diskutieren über irgendein Thema, zu Hause oder bei der Arbeit. In einem bestimmten Punkt trauen Sie sich nicht, Ihre Meinung zu vertreten. Sie sagen *ja*, obwohl Sie *nein* meinen.

Das Ego beginnt sogleich nach Ursachen für Ihre Unsicherheit zu suchen, die außerhalb Ihrer selbst liegen! Sie beginnen, Ihren Gesprächspartner als jemanden anzusehen, der Sie unterdrückt! Sie projizieren Ihr eigenes Unvermögen (das Unvermögen, nein zu sagen) auf Ihr Gegenüber und reden sich ein, dass er ein »autoritärer« Typ ist, mit dem man nicht richtig reden kann.

All diese Gedanken sind Ihre Projektionen. Sie wollen den anderen als egoistisch, autoritär und so weiter betrachten, um von Ihrer Unfähigkeit abzulenken, Ihren Standpunkt zu vertreten.

Diese Sichtweise führt stets zu Distanz und Konflikten. Sie macht Sie zu einem Opfer und erzeugt Schuldgefühle. Sie werden gereizt, vielleicht wütend. Sie geraten aus dem Gleichgewicht, weil Sie nicht in der Lage sind, frei Ihre Meinung zu äußern.

Sie ärgern sich aus anderen Gründen, als Sie glauben.

In Wahrheit wollen Sie den anderen als Unterdrücker betrachten, *weil er eine Seite von Ihnen zum Vorschein bringt, die Ihnen unangenehm ist.*

Denken Sie daran: Das Ego will jedes Ihrer Probleme lösen, indem es nach Ursachen sucht, die außerhalb Ihrer selbst liegen. (Doch die Probleme liegen nicht außerhalb!) Das Ego tut alles dafür, damit Sie Ihrer eigenen Verantwortung aus dem Weg gehen können.

Führen Sie sich das Beispiel ein weiteres Mal vor Augen:

Sie diskutieren und fühlen sich unsicher. Sie trauen sich nicht, Ihren Standpunkt zu vertreten. Sie reden sich ein, Ihr Gesprächspartner würde Sie unterdrücken.

Das Beispiel verdeutlicht Ihnen drei Dinge über Ihre Gedanken: Ihre Gedanken über den anderen sind falsch. Ihre Gedanken sind aggressiv. Ihre Gedanken teilen etwas über Sie selbst mit.

* * *

Betrachten Sie Ihren Gesprächspartner hingegen als einen Menschen, der für Sie *bestimmt* ist, dann eröffnet er Ihnen die Möglichkeit, etwas über sich selbst zu lernen. Sie können sich aus der Opferrolle befreien und erwachsen werden. (Jetzt können Sie sogar dankbar darüber sein, was der andere in Ihnen geweckt hat!)

Die Begegnung mit dem anderen diente einem bestimmten Zweck. Somit bekommt jedes Ereignis einen Sinn.

* * *

Den anderen als jemanden zu betrachten, der für Sie bestimmt ist, bedeutet *keineswegs*, dass Sie sich ausnutzen, schlecht behandeln, verdächtigen oder unterdrücken lassen sollen … Jeder Mensch muss liebevoll mit sich selbst umgehen. Und sich von jemandem schlecht behandeln und ausnutzen zu lassen, ist alles andere als liebevoll – weder sich selbst noch dem anderen gegenüber.

Checkliste

Hier finden Sie eine Reihe kurzer Sätze. Gemeinsam ergeben sie eine Checkliste, die Ihnen helfen soll, wenn Sie sich über jemanden ärgern. Gehen Sie die Liste Punkt für Punkt durch. Sie können sie auch mit Ihrem Partner, mit Freunden oder Kollegen diskutieren.

Wenn Sie sich mit sämtlichen Punkten vertraut gemacht haben, wird es Ihnen leichter fallen, Situationen, in denen Sie sich über jemanden ärgern, aus einem neuen Blickwinkel zu betrachten.

- *Ich ärgere mich aus anderen Gründen, als ich glaube.*

- *Ich bin auf meine Gedanken fixiert und projiziere sie auf andere.*

- *Meine Gedanken über den »anderen« teilen mir etwas Wichtiges mit – über mich selbst!*

- *Meine Ängste (die Gedanken des Egos) lassen mir die Situation bedrohlich erscheinen.*

- *Das Bild, das ich mir mache, habe ich selbst erschaffen.*

- *Jeder Gedanke über einen anderen Menschen trägt entweder zur Wahrheit oder zur Täuschung über ihn bei.*

- *Die Wahrheit hinter jedem Bild, das ich mir von anderen Menschen mache, bleibt unverändert.*

- *Ich kann meine Gedanken über andere Menschen ändern.*

- *Die Wirklichkeit zu erkennen bedeutet, die Wirklichkeit von den eigenen Fantasien zu befreien.*

Opfer oder Gestalter

Stellen Sie sich vor, dass wir bei jeder Begegnung, in jeder Sekunde unseres Lebens, die Wahl haben, unseren Projektionen zum Opfer zu fallen oder ein verantwortungsvoller Mensch zu sein, der sein Leben selbst gestaltet.

Lesen Sie im Stillen:

In jedem Augenblick kann ich mich zwischen dem Weg des Opfers und dem Weg des verantwortungsvollen Menschen entscheiden.

Andere Wege gibt es nicht.

Opfer oder Gestalter

Sich entwickeln

Manchmal ist es schön, über sich selbst lachen zu können. Hier ist ein Text, der davon handelt, sich zu entwickeln. (Verfasser unbekannt)

Ich gehe die Straße entlang.
Auf dem Bürgersteig
ist ein tiefes Loch.
Ich falle hinein.
Ich bin verloren. Ich habe keine Hoffnung mehr.
Es ist nicht meine Schuld.
Es braucht eine Ewigkeit, sich aus dem Loch zu befreien.

Ich gehe die Straße entlang.
Auf dem Bürgersteig
ist ein tiefes Loch.
Ich tue so, als ob ich es nicht sehe.
Ich falle erneut hinein.
Ich kann nicht glauben, dass mir das
schon wieder passiert ist!
Aber es ist nicht meine Schuld.
Ich brauche immer noch lange,
um mich aus dem Loch zu befreien.

Ich gehe die Straße entlang.
Auf dem Bürgersteig
ist ein tiefes Loch.
Ich sehe es deutlich vor mir.
Doch aus Gewohnheit falle ich hinein.
Meine Augen sind geöffnet.
Ich weiß, wo ich bin.
Es ist meine Schuld.
Ich krieche sofort wieder hinaus.

Ich gehe dieselbe Straße entlang.
Auf dem Bürgersteig
ist ein tiefes Loch.
Ich weiche ihm aus –
und wechsle die Straßenseite.

Zwei alte Tafeln

Als Kind bin ich in die Sonntagsschule gegangen. Dort zeigte uns der Lehrer manchmal Tafeln mit biblischen Motiven. Einmal hat er uns Bilder des »breiten« und des »schmalen« Weges gezeigt.

Der breite Weg war eben und gerade.

Der schmale Weg schlängelte sich über Klippen und spitze Steine und war von steilen Abhängen gesäumt. Er war von Dornen und Disteln überwuchert, dennoch sollte man barfuß gehen! Es gebe nur diesen einen Weg zur Erlösung, sagte der Lehrer.

Als Kind habe ich mich sehr darüber gewundert. Erst als Erwachsener habe ich die Bedeutung der Bilder verstanden.

Ich begebe mich auf den breiten Weg, wenn ich meine Probleme zu lösen versuche, indem ich anderen die Schuld dafür zuschiebe. Ein Verhalten, das mir niemals die Chance gibt, mich zu entwickeln.

Auf den schmalen Weg begebe ich mich hingegen, wenn ich in mich gehe und mir folgende Fragen stelle: *Welchen Anteil habe ich an der gegenwärtigen Situation? Was kann ich aus ihr lernen?*

Der Lehrer hatte recht. Nur der schmale Weg ermöglicht mir, zu wachsen und mich zu entwickeln. Nur er kann zum Glück führen. Seltsam, dass ich so lange gebraucht habe, um dies zu verstehen.

Lesen Sie im Stillen:

**Gehe ich nicht in mich mit meinen Fragen,
dann gehe ich aus mir heraus und attackiere andere.
Es gibt keinen anderen Weg.**

In jedem Augenblick unseres Lebens
besitzen wir unendlich viele Möglichkeiten.

Und in jedem Augenblick ist eine Entscheidung möglich,
die denen Freude schenkt, die sie treffen und von ihr betroffen werden.

Durch jede Entscheidung, die ich treffe, verzweigen sich
die Konsequenzen bis ins Unendliche – ein Gewebe, das
stetig weiterwächst.

Jede Entscheidung, die ich treffe, schafft entweder Wohlbefinden oder Unbehagen in mir.

Hören Sie auf den Körper. Der sagt Ihnen, welche Entscheidung Sie treffen.

Notiert von Dr. Deepak Chopra
während einer Vorlesung in Stockholm.

Damit schließt Buch 2.

Ruhen Sie sich ein wenig aus. Vielleicht wollen Sie das Buch für einen Moment beiseitelegen.

Lehnen Sie sich zurück.

Denken Sie darüber nach, was Sie gelesen haben. Nehmen Sie sich dafür Zeit.

Wenn Sie sich gut erholt haben, können Sie Buch 3 in Angriff nehmen.

Es handelt davon, wie wir unsere Gedanken ändern können. Damit wir diejenigen sein können, die wir sein wollen – und uns öfter für die Freude entscheiden.

Buch 3

Sich daran gewöhnen, seine eigene Größe zu erkennen

Wir alle sind als göttliche Wesen geboren.

Irgendwo auf dem Weg haben manche von uns den Glauben daran verloren.

Buch 3 handelt davon, sich wieder an seine eigene Größe zu gewöhnen.

Die eigene Größe erkennen

Bei der Fußball-WM 1994 belegte das kleine Schweden überraschend den dritten Platz. Diesem Erfolg lag unter anderem eine bewusste mentale Arbeit zugrunde.

Die schwedischen Spieler mussten bei diesem Turnier gegen Fußballgiganten wie Brasilien, Italien und Frankreich antreten. Wären sich die schwedischen Spieler ihrer eigenen Qualität nicht bewusst gewesen, hätte sie das mental blockiert und ihre Leistungsfähigkeit gemindert.

Tommy Svensson, der damalige Trainer der Mannschaft, hat hinterher über eine seiner Strategien berichtet.

Bevor man mit der eigentlichen Vorbereitung auf das Turnier begann, wurde über jedes einzelne Mitglied der schwedischen Mannschaft Filmmaterial früherer Spiele zusammengestellt. Aus diesem Material wurden alle Szenen zusammengeschnitten, die den Spieler in seiner ganzen »Größe« und Qualität zeigen. Es wurde auch darauf geachtet, dass jedem Spieler in »seinem« Video die gleiche Aufmerksamkeit geschenkt wurde.

Dann wurde jedem Spieler das Video vorgespielt, in dem seine großartigsten Szenen aus vergangenen Begegnungen aneinandergereiht waren. Allen wurde somit bewusst gemacht, zu welch außergewöhnlichen Leistungen sie in der Lage waren.

Natürlich ist das ein erhebendes Gefühl.

Seine eigene Größe zu erkennen, ist äußerst inspirierend.

* * *

Sich selbst in möglichst gutem Licht zu betrachten, stärkt das Selbstvertrauen. Nur haben die meisten von uns keinen wohlmeinenden Psychologen, der alle gelungenen Szenen unseres Lebens auf einem Video festhält und uns dieses hin und wieder vorspielt. Wir müssen uns eine andere Strategie überlegen.

Davon handelt das nächste Kapitel.

Mein Selbstwertgefühl

Wir alle sind als göttliche Wesen geboren.

Im Laufe des Lebens kann diese Gewissheit beschädigt werden. Eine Möglichkeit, die eigene Größe, das Einzigartige und Wunderbare der eigenen Persönlichkeit zu erkennen, besteht darin, sich seine positiven Eigenschaften vor Augen zu führen.

Wenn ich mir bewusst meine Qualitäten ins Gedächtnis rufe, wächst einerseits mein Selbstwertgefühl, andererseits schwinden die negativen Gedanken über mich selbst.

Hier kommt eine einfache Übung, die der Beginn einer Veränderung sein kann. Sie macht Spaß und ist effektiv!

Nehmen Sie sich etwas Zeit. Machen Sie es sich irgendwo mit einem Stift und einem Blatt Papier bequem. Erstellen Sie eine Liste. Schreiben Sie fünf bis zehn positive Eigenschaften von sich auf. Dinge, die Sie selbst an sich schätzen.

Denken Sie daran, dass diese Übung den Zweck hat, die eigene Größe zu erkennen. Wenn Ihnen das peinlich ist, dann machen Sie sich bewusst, dass Ihr Ego alles tut, um zu verhindern, dass Ihr Selbstwertgefühl wächst. Versuchen Sie, die Gedanken des Egos zu ignorieren.

Notieren Sie also fünf bis zehn Eigenschaften, die Ihnen sehr wichtig sind. Schreiben Sie nur Dinge auf, von denen Sie überzeugt sind. Die Sie wirklich an sich schätzen. Im Großen wie im Kleinen.

Um einen Anfang zu finden, können Sie zunächst folgendes Beispiel lesen. Es ist frei erfunden.

Ein paar Eigenschaften, die ich an mir sehr schätze:

- *Ich bin beharrlich. Das gefällt mir an mir. Die Welt braucht beharrliche Menschen.*

- *Ich bin für jeden Spaß zu haben.*

- *Ich erledige meine Aufgaben genau und sorgfältig.*

- *Ich kann gut tischlern.*

- *Ich bereite uns immer ein schönes Frühstück zu.*

- *Ich kann Widerstände überwinden.*

- *Ich lache oft.*

- *Ich bin treu.*

* * *

Erstellen Sie jetzt Ihre eigene Liste. Fünf bis zehn Eigenschaften, die Sie an sich schätzen.

Dann kommt der nächste Schritt der Übung:

Studieren Sie Ihre Liste. Lesen Sie den ersten Punkt und stellen Sie sich Bilder vor (spielen Sie ein imaginäres Video ab), die Sie zeigen, während Sie diese Eigenschaft unter Beweis stellen. Versuchen Sie ein überaus schönes Gefühl zu aktivieren, während Sie die inneren Bilder betrachten. (Ihre 50 Billionen Zellen spüren, was Sie denken – und werden sich daran erinnern!) Wenn Sie sich später erneut die Bilder vor Augen führen, werden sich auch die schönen Gefühle wieder einstellen.

Verfahren Sie genau so mit jedem weiteren Punkt auf Ihrer Liste.

Mit Hilfe dieser Übung gewöhnen Sie sich daran, sich Ihre positiven Eigenschaften bewusst zu machen. Allmählich werden Ihnen immer mehr Eigenschaften einfallen. Es wird immer selbstverständlicher für Sie, Ihre eigene Größe zu sehen. Ihr Selbstwertgefühl wächst und wächst.

* * *

In der Familie oder im Freundeskreis können Sie diese Übung gemeinsam machen. Lesen Sie sich Ihre Listen vor! Einer liest – die anderen hören zu. Die Zuhörer konzentrieren sich ganz auf das Bild, das der Leser von sich selbst malt.

Es ist höchst inspirierend und bemerkenswert, einem Freund oder Familienmitglied zu lauschen, das seine guten Eigenschaften vor den anderen ausbreitet und sich seiner eigenen Größe entgegenstreckt.

Wie sehe ich mich selbst?

In jeder Begegnung mit einem anderen Menschen entscheide ich mich für ein hohes oder niedriges Selbstwertgefühl.

Denken Sie eine Weile darüber nach, wie es um Ihr Selbstwertgefühl bestellt ist. Überlegen Sie sich, ob Ihr konkretes Handeln darüber Auskunft gibt. Betrachten Sie folgendes Beispiel:

Sie fahren bei jemandem im Auto mit. Sie finden, dass der Fahrer viel zu schnell fährt. Sie haben ein mulmiges Gefühl und würden den Fahrer gern bitten, etwas vom Gas zu gehen. Doch Ihre Angst, ihm zur Last zu fallen oder sich gar lächerlich zu machen, hindert Sie daran, Ihre Bitte vorzubringen. Also sitzen Sie schweigend da und leiden still vor sich hin. Ihre Entscheidung zu schweigen zeugt davon, dass Sie sich selbst gegenüber wenig achtsam sind. Wären Sie achtsamer (was Ihr Leben und Ihre Gefühle betrifft), dann würden Sie den Fahrer bitten, die Geschwindigkeit zu drosseln.

Nehmen wir ein anderes Beispiel: Sie befinden sich in einer größeren Gruppe. Einer der Anwesenden greift einen anderen an, was Sie höchst ungerecht finden. Sie fühlen sich unwohl, entscheiden sich aber zu schweigen. Vielleicht haben Sie Angst vor der Reaktion der anderen oder empfinden das, was sie gern sagen würden, als nicht wichtig genug. Mit dieser Entscheidung vernachlässigen Sie sich selbst. Gingen Sie achtsamer mit sich um, dann würden Sie frei Ihre Meinung äußern und sich der Kritik der anderen aussetzen. Sie würden sich selbst und Ihrem Urteil vertrauen. Sie würden sagen, was Sie denken.

* * *

Wenn ich mir selbst nur wenig Achtung entgegenbringe, entscheide ich mich immer wieder dafür, anderen zum Opfer zu fallen. Ich halte an Situationen fest, zum Beispiel bei der Arbeit, die nicht gut für mich sind. Bringe ich mir mehr Achtung entgegen, dann nehme ich meine Geschicke in die eigenen Hände.

Bringe ich mir zu wenig Achtung entgegen, dann empfinde ich ein nagendes Unwohlsein, also Unglück. Gehe ich hingegen achtsam mit mir um, dann empfinde ich Freude und Zufriedenheit, also Glück. Wie ich mich sehe und über mich denke, löst glückliche oder unglückliche Empfindungen aus. (Viele von uns pendeln zwischen beiden Empfindungen hin und her.)

Wenn ich mich selbst als wenig wertvoll erachte – und das ändern will –, dann beginnt die Veränderung mit folgender Einsicht:

DIESER GEDANKE IST EINE LÜGE.

Eine Lüge – eine Vorstellung –, die mir von einer ignoranten Umgebung vermittelt wird, seit ich ein Kind war.

In Wahrheit bin ich viel größer.

Lesen Sie im Stillen:

Alle inneren Überzeugungen, die mich hemmen, kann ich ändern. Durch meine Gedanken erschaffe ich mich selbst.

* * *

Viele Probleme (Stress, Schmerzen, Krankheiten und so weiter) liegen darin begründet, dass wir uns selbst zu wenig Achtung entgegenbringen. Ein Mensch, der sich nicht achtet, erkennt seine eigene Größe nicht. Daher neigt er dazu, sich mit Situationen abzufinden, in denen er respektlos behandelt wird.

Wenn Sie entdecken, dass Sie sich oft zu wenig Achtung entgegenbringen, ist dies eine wertvolle Einsicht. Hier in Buch 3 werden verschiedene »Werkzeuge« beschrieben, die Ihnen dabei helfen, die negativen Gedanken über sich selbst zu ändern. Sie können also daran arbeiten, sich mehr Achtung entgegenzubringen – und dadurch Ihr Leben verbessern!

Lesen Sie im Stillen:

Ich allein bin dafür verantwortlich, dass sich die inneren Überzeugungen, die mich hemmen, verändern.

Dem liegt folgende Wahrheit zugrunde:

Ich allein bin für mein Leben verantwortlich.

Angst vor der eigenen Größe

Manchmal scheint es unsere eigene Größe zu sein, die uns im Leben am meisten ängstigt.

Kommen Ihnen die folgenden Situationen bekannt vor?

Sie bedanken sich bei jemandem für eine Gefälligkeit, und dieser antwortet: *»Das war doch nur eine Kleinigkeit.«* Oder Sie bewundern die hübschen Kleider einer Frau, doch diese entgegnet: *»Ach, die alten Klamotten.«* Jemand beginnt seine Frage mit folgenden Worten: *»Das ist bestimmt eine sehr dumme Frage, aber ...«* Sie loben die Kinder einer Freundin, weil sie so lebendig und selbstständig wirken. Die Freundin antwortet: *»Du solltest mal erleben, wie die sich zu Hause aufführen.«*

Warum machen wir uns absichtlich kleiner, als wir sind?

Vermutlich tun wir dies unbewusst, um uns vorsorglich zu schützen. Wir entschuldigen uns bei anderen, damit diese keinen Anlass haben, uns anzugreifen. Wir scheinen von anderen zu denken, dass sie ebenso viel Angst vor der eigenen Größe haben wie wir selbst.

Wenn ich selbst sage: *»Jetzt hab ich Dummkopf die Sache mal wieder vermasselt«*, dann hoffe ich auf folgende Entgegnung: *»So schlimm ist es doch gar nicht.«* Indem wir uns klein machen, hoffen wir, Kritik zu entgegen.

Viele von uns haben nicht gelernt, die eigene Größe anzuerkennen.

* * *

Wollen wir uns abgewöhnen, uns selbst kleiner zu machen, als wir sind, dann müssen wir zunächst die Situationen erkennen, in denen wir dies tun. Machen Sie sich diese Begebenheiten bewusst – bei anderen und bei sich selbst. Und vergegenwärtigen Sie sich, dass wir uns mit diesem Verhalten zu schützen versuchen.

Der nächste Schritt besteht darin, sich daran zu gewöhnen, *die eigene Größe anzuerkennen.*

Die finnlandschwedische Schriftstellerin Edith Södergran hat geschrieben:

Es steht uns nicht zu, uns kleiner zu machen, als wir sind.

Notieren Sie sich diesen Satz. Hängen Sie ihn sich an die Wand oder bewahren Sie ihn in Ihrer Handtasche auf. Lesen Sie ihn oft. Machen Sie Ihre Kinder damit vertraut!

Denn auch Folgendes ist wichtig:

Erst wenn ich meine eigene Größe erkenne,
kann ich auch die Größe anderer erkennen.

Visualisieren Sie Ihre Größe

Wenn wir uns erdachte Bilder von uns selbst in verschiedenen Situationen vorstellen, dann »visualisieren« wir.

Sicherlich haben Sie im Fernsehen schon Leichtathletik-Wettbewerbe verfolgt. Eine Hochspringerin hält vor dem Anlauf für einen Moment in vollkommener Konzentration inne. In diesem Moment füllt sie ihr Unterbewusstsein mit Bildern, in denen sie kraftvoll, geschmeidig und mit größter Selbstverständlichkeit die Latte überquert. (Sie stellt sich keine Bilder vor, in denen sie kraftlos und plump die Latte reißt.)

Sie weiß, dass ihr Unterbewusstsein während des Sprungs versucht, den imaginären Bildern nachzueifern. Ihr Unterbewusstsein versucht, der Vision gerecht zu werden.

Machen Sie sich bewusst, welche Fantasien Sie haben, bevor Sie an bestimmte Aufgaben herangehen. Welche Gedanken haben Sie? Stellen Sie sich vor, wie ängstlich und kraftlos Sie sind? Oder sehen Sie Bilder vor sich, die Sie als aktiven, selbstbewussten Menschen zeigen, der von Freude erfüllt ist? Die Wahl Ihrer Gedanken kann Ihnen helfen, Ihre Aufgabe zu lösen.

Welche Bilder gibt es in Ihrem Unterbewusstsein?

Sie können sich in Anbetracht einer bestimmten Aufgabe bewusst dafür entscheiden, Ihr Unterbewusstsein mit schönen, wundervollen Bildern zu füllen. Sie laden sich mit diesen positiven Bildern regelrecht auf. Die Bilder entfalten ihre Wirkung. Sie wirken wie Magneten, die Sie anziehen. Solche Bilder wirken auch alten negativen Gedanken entgegen, wie zum Beispiel: *Das schaffe ich nicht. Ich bin nicht gut genug.*

Denken Sie daran:

Ihre Gedanken haben gestalterische Kraft. Sie formen die Wirklichkeit nach Ihren Gedanken. Sie allein entscheiden, welche Bilder Sie sich vorstellen.

Für welche Gedanken Sie sich auch entscheiden – Sie gestalten damit Ihr eigenes Leben.

Stellen Sie sich also oft als die Person vor, die Sie gerne wären. Führen Sie sich diese Person genau vor Augen.

Im nächsten Kapitel folgt ein Beispiel für eine Visualisierung.

Visualisierung

Ein Beispiel:

Sie müssen beruflich einen Vortrag halten und wollen, dass er richtig gut wird. Sie bereiten sich unter anderem vor, indem Sie eine Visualisierung vornehmen. Sie notieren sich zu diesem Zweck einen kurzen Text.

Diesen Text lesen Sie sich am Vorabend Ihres Vortrags noch einmal durch, bevor Sie schlafen gehen. Am nächsten Morgen lesen Sie ihn ein weiteres Mal. Und vielleicht noch einmal, während Sie auf dem Weg zur Arbeit sind.

Während Sie dies tun, treten Ihnen die beschriebenen Bilder vor Augen, und *auch die beschriebenen Gefühle stellen sich ein.* Ihr Unterbewusstsein füllt sich mit Bildern, die mit positiven Gefühlen verbunden sind. Diese Verbindung ist sehr wichtig. Sie verleiht Ihrer Visualisierung eine besondere Kraft. Hier das Beispiel:

Visualisierung vor einer beruflichen Präsentation:

Die Fahrt zur Arbeit verläuft ohne Probleme. Ich komme pünktlich und wohlbehalten an. Ich fühle mich heiter und gelassen. Mir geht es sehr gut.

Ich betrete den Konferenzraum und habe noch viel Zeit, um meine Vorbereitungen zu treffen. Ich bin ruhig und konzentriert. Mit Dankbarkeit betrachte ich alle Kollegen, die erscheinen. Ich freue mich über die Anwesenheit jedes Einzelnen.

Ich halte meinen Vortrag entspannt und gelassen. Ich bin ganz bei mir und empfinde viel Freude und Energie. Alles fühlt sich leicht an.

Meine Laune ist ansteckend. Wir haben viel Spaß miteinander. Das ist ein wunderbares Gefühl. Eine große Wärme durchflutet mich. Es geht mir gut!

Alle hören mir aufmerksam zu. Alles verbindet sich zu einem großen, guten Ganzen.

Jeder der Anwesenden ist für mich bestimmt, damit ich mich erproben kann. Von jedem kann ich etwas lernen. Keiner ist dem anderen überlegen oder unterlegen.

Jeder Mensch in diesem Raum gibt sein Bestes. In jedem Augenblick – jederzeit. Auch ich selbst gebe mein Bestes. Ich habe die besten Absichten. Ich bin gelassen, heiter und geborgen.

Als ich meine Präsentation beende, bin ich voller Energie. Das ist ein wundervolles Gefühl. Für all das bin ich dankbar.

* * *

Versuchen Sie es nun mit einer eigenen Visualisierung, die Ihnen helfen soll, eine bestimmte Aufgabe zu lösen. Sehen Sie das obige Beispiel als Inspiration an. Üben Sie auf Ihre eigene Weise. Vermeiden Sie Wörter wie *nicht, wenn nur, muss* oder *soll*. Notieren Sie alles konkret und deutlich – als gäbe es keine Hindernisse.

Ich selbst habe es als sehr hilfreich empfunden, die Visualisierung mit einem Grundgefühl der Dankbarkeit durchzuführen. Versuchen Sie es! Beschreiben Sie Gefühle der Freude und Dankbarkeit, die Sie erfüllen werden. Als wäre alles bereits geschehen. Seien Sie im Voraus dankbar. Was Sie beschreiben, gibt es bereits!

Auf diese Weise räumen Sie alles aus dem Weg, was Sie daran hindert, Ihr Ziel zu erreichen. Stattdessen konzentrieren Sie sich auf alles, was Ihnen dabei behilflich ist.

Lesen Sie schließlich:

Ich sehe, dass ich die Bilder wahr werden lasse, die ich mir selbst von mir mache.

Ich kann mich entscheiden, ob ich begrenzte oder unbegrenzte Visionen von mir selbst haben will. Ich habe immer die Wahl.

Wir sind ungeheuer kraftvoll

Der Text auf der folgenden Seite klebte lange Zeit an unserem Kühlschrank.

Ich habe ihn oft gelesen. Vielleicht wollen Sie ihn übernehmen.

Unsere tiefste Angst ist nicht die, dass wir unzulänglich sind.

Unsere tiefste Angst ist die, dass wir über die Maßen machtvoll sind.

Es ist unser Licht, nicht unsere Dunkelheit, das uns am meisten erschreckt.

Wir fragen uns: Wer bin ich denn, dass ich so brillant, großartig, talentiert, fabelhaft sein sollte?

Aber wer sind Sie denn, dass Sie es *nicht* sein sollten?

Sie sind ein Kind Gottes.

Wenn Sie sich klein machen, dient das der Welt nicht.

Es hat nichts von Erleuchtung an sich, wenn Sie sich so schrumpfen lassen, dass andere Leute sich nicht mehr durch Sie verunsichert fühlen.

Wir sollen alle so leuchten wie die Kinder. Wir sind dazu geboren, die Herrlichkeit Gottes in uns zu manifestieren.

Sie existiert in allen von uns, nicht nur in ein paar Menschen.

Und wenn wir unser eigenes Licht leuchten lassen, erlauben wir auch unbewusst anderen Menschen, das gleiche zu tun.

Wenn wir von unserer eigenen Furcht befreit sind, befreit unsere Gegenwart automatisch auch andere.

Vier Merkmale

Der amerikanische Wirtschaftswissenschaftler Warren Bennis hat einmal 90 der einflussreichsten amerikanischen Führungspersönlichkeiten interviewt. Männer und Frauen. Bennis wollte herausfinden, ob diese Menschen gemeinsame Eigenschaften besaßen.

Er entdeckte schließlich vier gemeinsame Merkmale.

Es war mir manchmal eine Hilfe, mir diese Merkmale ins Gedächtnis zu rufen. *(Nach jedem Punkt folgen meine persönlichen Gedanken dazu.)*

* * *

1. Sie alle kannten ihre persönlichen Stärken und Schwächen.

Sie verfügten über eine gute Selbsteinschätzung.

2. Wenn sie sich an einem Ort befanden (ob beruflich oder privat), an dem ihnen kein Respekt entgegengebracht wurde, dann wechselten sie an einen Ort, an dem sie geschätzt wurden.

Sie brachten sich selbst viel Aufmerksamkeit entgegen. Eher entzogen sie sich einer Situation, als ihr zum Opfer zu fallen.

3. Sie alle waren gute Zuhörer.

Sie hatten wenig Angst vor anderen Menschen. Wenn ich Angst habe, kann ich mich einem anderen Menschen nicht öffnen.

4. Sie alle kannten zumindest einen Menschen, dem gegenüber sie absolut aufrichtig sein konnten.

Absolut aufrichtig kann man nur sein, wenn man sich von allen Ängsten befreit. Das heißt, sie alle hatten eine Beziehung, in der sie Liebe empfanden.

Die Vision von mir in einem Jahr

Hier kommt eine weitere Übung, mit der Sie aktiv Bilder von sich entwerfen können, die Sie unbewusst beeinflussen werden.

Setzen Sie sich an einen ruhigen Platz und nehmen Sie Papier und Bleistift zur Hand. Entspannen Sie sich. Wenn Sie ganz zur Ruhe gekommen sind, dann beginnen Sie damit, Bilder von sich selbst zu entwerfen, wie Sie in einem Jahr Wirklichkeit sein sollen. *Sehen Sie sich so, wie Sie in einem Jahr sein wollen.* Orientieren Sie sich an den unten genannten Punkten.

Beginnen Sie mit Ihrem Körper. Stellen Sie sich vor, wie Sie in einem Jahr aussehen wollen. Stellen Sie sich vor, wie Sie sich dann in Ihrem Körper fühlen werden. Entwerfen Sie ein physisches Wunschbild, das Sie so zeigt, wie Sie wirklich aussehen wollen. *Es ist die Vision von Ihnen selbst – in einem Jahr.*

Halten Sie Ihre Visualisierung schriftlich fest. Wählen Sie einfache, klare Worte. (Im Folgenden finden Sie eine Anleitung hierzu.)

Wenden Sie sich dann der nächsten Rubrik zu. Visualisieren Sie erneut ... Hier folgen die Rubriken, die Sie zu Hilfe nehmen können:

Die Vision von mir in einem Jahr

Mein Körper: *drahtig, Elan, aufrecht, sexuelle Kraft, entspannt*

Meine Persönlichkeit: *Offen, selbstsicher, entspannt, stt*

Mein soziales Leben: *Freunde u. geistiger Austausch, Respekt u. Anstand mit anderen*

Deutsche Gesellschaft für Musik-Psychol

Meine materielle Situation: ~~Teil aufwärts, Rücklagen~~ *(handwritten, partly illegible)*

Meine Interessen: ~~Musik hören, Akkordeon~~ ... *(handwritten, partly illegible)*

Meine Arbeit: ~~Chorleitung, Mentor, Projektleit...~~ *(handwritten)*

Folgendes Beispiel wurde von einer Frau aufgeschrieben, die 42 Jahre alt ist.

Die Vision von mir in einem Jahr:

MEIN KÖRPER: *Mein Körper ist kraftvoll und geschmeidig. Er fühlt sich leicht und frisch an. Ich wiege 62 Kilo und habe mit dem Rauchen aufgehört.*

MEINE PERSÖNLICHKEIT: *Ich bin gelassen und heiter. Ich betrachte andere Menschen mit Humor. Ich bin dankbarer und empfänglicher geworden.*

MEIN SOZIALES LEBEN: *Unser Haus steht jedem offen. Ich habe mehrere neue Freunde gewonnen. Ich schätze meine Kollegen. Wir genießen unsere Zusammenarbeit. Meine Familie ist mir sehr wichtig.*

MEINE MATERIELLE
SITUATION: *Die Küche hat eine neue Arbeitsplatte. Der Keller ist sauber und aufgeräumt. Wir haben ein neues Auto.*

MEINE INTERESSEN: *Ich treibe regelmäßig Sport und habe begonnen, Akkordeon zu spielen. Ich höre viel Musik. Ich habe Zeit, um zu lesen.*

MEINE ARBEIT: *Im Beruf bringe ich meine Erfahrung besser zur Geltung. Ich treffe Kollegen, die mich aufmuntern.*

Beachten Sie, dass in diesem Beispiel Wörter wie *nicht, wenn nur, muss* oder *soll* nicht vorkommen! Die positiven Bilder sind klar und deutlich beschrieben, als gäbe es weder Bedenken noch Hindernisse.

* * *

Entwerfen Sie nun Ihre eigene Vision von sich in einem Jahr. Formulieren Sie einfach, klar und deutlich. Wenn Sie mögen, schreiben Sie alles anschließend noch mal ins Reine. Lesen Sie Ihren Text in regelmäßigen Abständen. Jedes Mal, wenn Sie den Text lesen, sehen Sie die beschriebenen Bilder vor sich. Verbinden Sie jedes Bild mit einem starken positiven Gefühl. Wollen Sie die Wirkung noch verstärken, dann bemühen Sie sich um ein Grundgefühl der Dankbarkeit. Sie erfüllen sich selbst mit Dankbarkeit, weil das, was Sie beschreiben, bereits existiert!

* * *

Es ist ein motivierendes und stärkendes Gefühl, die »Vision von mir in einem Jahr« mit seinem Partner, mit Kollegen und Freunden zu teilen. Sich selbst mitzuteilen und an den Wünschen und Vorstellungen eines anderen Menschen teilzuhaben.

Ein Wunder

Was geschieht, wenn ich aktiv und bewusst nach dem Guten und Fantastischen in einem anderen Menschen suche?

Das Folgende klingt wie ein Märchen, hat sich aber wirklich zugetragen.

Es war einmal eine Schule ... Jeder Lehrer, der neu an diese Schule kam, konnte schon nach dem ersten Tag sagen, welche Schüler als »Problemkinder« galten. Auf dem Schulhof war es ersichtlich. Auf den Gängen war es ersichtlich. In den Klassenzimmern. Sie waren leicht zu identifizieren. Es handelte sich um zirka zehn Schüler.

Bereits nach wenigen Tagen kannte jeder die Namen dieser Kinder. Die Namen der Kinder mit den größten Problemen. Derjenigen, die sich am »Rand« befanden und »abzustürzen« drohten.

Eines Tages kam eine neue Lehrerin an diese Schule, die eine andere Sichtweise hatte als die etablierten Lehrkräfte. Sie ließ von jedem dieser zehn Kinder ein hübsches Foto machen und anschließend Vergrößerungen dieser Fotos anfertigen. Dann rief sie sämtliches Personal dieser Schule zusammen.

Sie stellte eines der Fotos auf, damit alle es sehen konnten. Schweigend betrachteten alle das Bild. Dann brachte sie jeden Einzelnen dazu, eine positive Eigenschaft des Kindes auf dem Foto zu nennen. Die Schulkrankenschwester berichtete, dass »Jennifer« oft in ihr Zimmer käme und immer so liebevoll von ihrer kleinen Schwester erzähle. Die Englischlehrerin meinte, dass Jennifer sehr viele englische Lieder kenne, und so weiter. Alle erwähnten mindestens eine Fähigkeit oder Eigenschaft. *Alle konzentrierten sich voll und ganz auf Jennifers Größe.*

Dann ging man zum nächsten Foto über. Es zeigte einen Jungen namens Thomas. Es geschah dasselbe, das zuvor in Anbetracht von Jennifers Foto geschehen war.

Jedes Bild, jedes Gesicht – das konnten später alle bezeugen – wurde plötzlich mit verändertem Blick betrachtet.

An dieser Schule ereignete sich ein Wunder. Die Erwachsenen, die Jennifer am nächsten Tag auf einem der Flure begegneten, sandten plötzlich ganz neue Signale aus. (Sie empfanden weniger Furcht und hatten vor allem weniger Schuldgefühle.) Plötzlich wurden die zehn Kinder wieder angelächelt. Für Jennifer und all die anderen änderte sich die Atmosphäre von Grund auf. Sie konnten wieder freier atmen.

Lesen Sie im Stillen:

Ich kann die Welt nicht ändern.
Was ich ändern kann, ist meine Sicht der Welt.
Dadurch verändert sie sich.

* * *

Sie können diese Übung im Kollegen- oder Freundeskreis durchführen. (Wenn Sie zum Beispiel innerhalb einer größeren Gruppe arbeiten, ist es hilfreich, sich auf Fotos konzentrieren zu können. Doch die Übung funktioniert auch mit inneren Bildern.)

Dieses Kapitel kann man folgendermaßen zusammenfassen: Ein Wunder ereignet sich *immer*, wenn sich die Wahrnehmung verändert – wenn die Wahrnehmung von Liebe statt von Angst geprägt ist.

Diese Geschichte bringt uns behutsam der folgenden
Erkenntnis näher:

**Jeder liebevolle Gedanke
über einen anderen Menschen
ist wahr.**

Wir lehren ständig

Wir lehren in allem, was wir tun. Daran können wir nichts ändern.

Wann immer wir einem anderen Menschen begegnen, geben wir diesem eine Lehre mit auf den Weg.

Durch jede Begegnung mit einem Kind beeinflussen Sie die Zukunft dieses Kindes.

Daraus folgt, dass Sie die Zukunft des ganzen Landes beeinflussen.

Dies ist eine schwindelerregende Erkenntnis.

Ein Lehrer beeinflusst die Ewigkeit.
Er weiß nicht zu sagen, wann sein Einfluss endet.
Henry Adams

Wo Menschen sich begegnen, lernen sie voneinander.

Ein zuverlässiges Signal

Ich habe einmal eine interessante Entdeckung gemacht.

Wenn ich mit einem oder mehreren Menschen beisammen war, konnte es passieren, dass mir negative (abwertende oder ironische) Gedanken über einen Anwesenden durch den Kopf gingen. Diese Gedanken konnten sich von einer auf die andere Sekunde einstellen. Ohne Vorwarnung. Ohne Möglichkeit, sie abzuwehren.

Wann immer dies geschah, bemerkte ich etwas Sonderbares. Ich bemerkte, dass ich plötzlich unfähig war zu lächeln. Es ging einfach nicht. Meine Fähigkeit zu einem ungezwungenen Lächeln war verschwunden! Das machte mir Folgendes klar:

Negative Gedanken hindern mich daran ungezwungen zu lächeln.

Zwar ist es weiterhin möglich höflich zu sagen: »*Wie schön, dass ihr da seid!*« Doch richtig lächeln kann ich nicht mehr. Wie kommt das?

Ein negativer Gedanke über jemand anderen ist ein Angriff. Angriffe erzeugen stets Schuldgefühle.

Niemand, der Schuldgefühle hat, kann ungezwungen lächeln.

Wenn ich jemanden in Gedanken angreife, dann glaube ich (unbewusst), dass der andere weiß, was ich von ihm denke. Also rechne ich mit einem Gegenangriff. Das erzeugt meine Angst.

Niemand, der Angst hat, kann ungezwungen lächeln.

Ungezwungen lächeln kann ich nur, wenn ich weder Angst noch Schuldgefühle habe.

Ein ungezwungenes Lächeln ist ein Signal dafür, wie es einem Menschen geht und was er denkt.

Das braucht Sie nicht zu beunruhigen. Negative Gedanken über andere kann jeder haben. Wenn Sie wollen, probieren Sie es mal mit dieser Methode:

Wenn Ihnen das nächste Mal ein negativer Gedanke über jemanden durch den Kopf geht, dann stellen Sie folgende Überlegung an: *Wie interessant. Wie komme ich eigentlich auf diesen Gedanken? Was sagt dieser Gedanke über mich aus? Das ist eine großartige Gelegenheit, etwas über mich zu lernen. Was kann es sein?*

Spüren Sie Ihren Empfindungen nach, während Sie diese Überlegungen anstellen. Vielleicht verspüren Sie plötzlich eine unbändige Freude. Über Ihre Neugier und Ihren Mut! Sie entwickeln sich. Sie haben eine Möglichkeit erkannt, Ihr Verhalten zu ändern.

* * *

Ungezwungen lächeln kann nur derjenige, der *keine Angst hat und ganz im Augenblick gegenwärtig ist.* Ein solches Lächeln findet man bei selbstvergessen spielenden Kindern. Immer, wenn ich mich in diesem Zustand befinde, bin ich glücklich.

Der argentinische Schriftsteller Jorge Luis Borges schreibt:

»*Jeden Tag befinden wir uns für ein paar Sekunden im Paradies.*«

Mein ungezwungenes Lächeln zeigt mir, dass ich dort angekommen bin.

Augenblicke der Größe

Jede Begegnung zwischen Menschen, die frei von Angst und im Augenblick gegenwärtig sind, nenne ich einen »heiligen Augenblick«.

Hier ist die Definition eines solchen Augenblicks:

Ein heiliger Augenblick entsteht, wenn sich zwei (oder mehrere) Menschen vollkommen angstfrei begegnen.

Das kann jederzeit und überall geschehen. Zwischen einem Musiker und seinem Publikum während eines Konzerts ... zwischen Kollegen bei der Arbeit ... wenn eine Mutter ihrem Neugeborenen in die Augen sieht ... zwischen elf Fußballspielern einer Mannschaft, wenn alles perfekt läuft ... wenn zwei Menschen sich lieben ... zwischen spielenden Kindern ... Überall, wo sich zwei oder mehrere Menschen vollkommen angstfrei begegnen.

Ob es sich nun um Sekunden oder Stunden handelt, eines ist sicher: *Die Zeit bleibt stehen.* Alle erleben, dass die Zeit nicht mehr existiert. Das ist immer ein Moment des Glücks. Ein magischer Augenblick.

* * *

Versuchen Sie, sich an einen solchen Moment zu erinnern. Sie begegnen einem anderen Menschen. Sie beide sind vollkommen frei von Angst.

Sie leben nur im Hier und Jetzt. Sie sehen dem anderen ins Gesicht. Alle wertenden Gedanken sind weit weg. Sie sind ganz bei sich. Sie spüren Freude und Liebe.

Das ist ein herrlicher Augenblick. Zwei Geister gehen ganz ineinander auf. Es gibt keinerlei Schuldgefühle. Alles ist vergeben. Das Ego hat sich aufgelöst. Sie sind von der Vergangenheit befreit. Alles kommt Ihnen einfach und selbstverständlich vor.

Ein heiliger Augenblick ist ein Zustand vollkommener Liebe.

In einem heiligen Augenblick werden beide an ihr wahres Selbst erinnert. Das erfüllt sie mit Hoffnung.

Ein heiliger Augenblick entsteht bei jeder Begegnung, die frei von Angst ist. Er wird immer von beiden Seiten zugleich so empfunden. Er fordert die vollständige Gegenwart aller Beteiligten.

Ein heiliger Augenblick kann nur geteilt werden.

Im heiligen Augenblick erkennen Sie den wahrhaften Zweck jeder menschlichen Begegnung und Beziehung.

*** * ***

Halten Sie an dieser Stelle kurz inne.

Das nächste Kapitel ist wichtig.
Es handelt davon, wie Sie über sich selbst denken wollen. Führen Ihre Gedanken Sie weiter oder halten sie Sie in der Vergangenheit gefangen?

Änderungen im Geiste

Vielleicht kommt Ihnen folgende Situation bekannt vor:

Nach einem langen Arbeitstag kommen Sie abends nach Hause. Sie sind im Laufe des Tages einer Reihe von Leuten begegnet. Mit einigen Begegnungen waren Sie zufrieden, mit anderen weniger. Einige betrachten Sie vielleicht sogar als völlig missglückt. Möglicherweise sind Sie immer noch wütend auf jemanden, der Sie aus der Fassung gebracht hat. Sie haben sich danebenbenommen und jetzt ein schlechtes Gewissen. Wie dem auch sei – Sie können die Ereignisse des Tages nicht so schnell hinter sich lassen und ärgern sich noch immer.

Ein *Teil von Ihnen (Ihr Ego) will, dass Sie weiter wütend und traurig sind. Dieser Teil von Ihnen will nicht Ihr Bestes.*

Sich weiter an das Gefühl des Misslingens zu klammern, bedeutet, der Vergangenheit zum Opfer zu fallen. Betrachten Sie Ihren Ärger lieber als Signal. Als Botschaft an Sie!

Versuchen Sie, Ihr »Misslingen« aus einem neuen Blickwinkel zu betrachten. Machen Sie sich Ihre Verhaltensweise kurz bewusst und stellen Sie sich dann diese Frage:

WIE HÄTTE ICH BESSER REAGIEREN KÖNNEN?

Versuchen Sie, mit anderen Worten, sich einen besseren Handlungsverlauf und ein besseres eigenes Verhalten vorzustellen!

Stellen Sie sich vor, wie Sie bestenfalls hätten reagieren können. Wenn Sie sich bildlich vorstellen (visualisieren), wie Sie sich Ihrer Meinung nach hätten verhalten sollen, dann ändern Sie den Handlungsverlauf im Geiste. Somit haben die alten Bilder keine Gelegenheit, sich festzusetzen.

Konkret gehen Sie folgendermaßen vor:

Setzen Sie sich an einen ruhigen Platz. Entspannen Sie sich. Wenn Sie spüren, dass Sie konzentriert sind, dann führen Sie sich die betreffende Situation noch einmal vor Augen. Sie sehen sich und den anderen Menschen, mit dem Sie in Streit geraten sind, vor sich. Stellen Sie sich nun vor, dass Sie anders reagiert hätten. Sehen Sie eine bessere Handlungsvariante. *So hätten Sie gern reagiert.* Stellen Sie sich ganz genau vor, was Sie gesagt und wie Sie gehandelt hätten. In Ihrer Fantasie kehren Sie an den Ort der Auseinandersetzung zurück und geben sich selbst die Möglichkeit, ganz anders zu sein.

Dadurch üben Sie ein neues Verhalten ein.

Betrachten Sie sich immer wieder in der »besseren« Variante. Erleben Sie auch die Gefühle, die mit dieser neuen Verhaltensweise einhergehen. So »ersetzen« Sie Ihr altes Verhalten durch das neue und bessere Handlungsmuster. Sie verinnerlichen die neuen Bilder.

* * *

Diese Übung ist leicht und macht Spaß. Und sie funktioniert! Sie trainieren und verstärken eine positive Seite Ihrer eigenen Persönlichkeit.

Wenn Sie das nächste Mal in eine ähnliche Situation geraten, dann sind Sie vorbereitet. Sie haben Ihr neues Verhalten bereits eingeübt! (Nicht jedes Verhalten wird sich in Wirklichkeit wiederholen.)

Mit dieser Übung werden Sie von Schuldgefühlen befreit und mit Hoffnung erfüllt. Sie werden sich regelrecht danach sehnen, dem Menschen, mit dem Sie aneinandergeraten sind, wieder zu begegnen! *Und wenn Sie ihm wieder begegnen, dann werden Sie sich ganz anders verhalten als beim letzten Mal.*

Lesen Sie im Stillen:

Jedes Mal, wenn ich mich von meinen Schuldgefühlen befreie und stattdessen eine positive Variante visualisiere, gestalte ich meine eigene Zukunft.

Das bedeutet, dass ich mich bis zur nächsten Begegnung entscheiden kann, »wer ich sein will«.

Lassen Sie sich von den Worten des Schriftstellers Richard Bach inspirieren:

Was man visualisieren kann, lässt sich auch verwirklichen.

Beachten Sie!

Wenn Sie wirklich Ihr Verhalten sich selbst und anderen gegenüber ändern wollen – dann machen Sie die Übung, die im vorigen Kapitel beschrieben wird! Sie fasst vieles von dem zusammen, was dieses Buch sagen will. Und es ist eine Übung, die wirklich funktioniert. Sie verdeutlicht Ihnen, dass Sie immer eine Wahl haben. Sie entdecken, dass es stets Alternativen gibt. Die Entscheidung liegt ganz bei Ihnen. Das Überwinden alter Angewohnheiten lässt sich trainieren. Sie werden sich an ein neues Verhalten gewöhnen, wenn Sie Ihre eigene Größe erkennen.

Sie müssen nicht derjenige bleiben, der Sie waren. Sie können sich selbst beeinflussen! Sie können so werden, wie Sie sein wollen. All das erfüllt mit Hoffnung.

Von seinem Feind lernen

Ich hörte einmal einen klugen Mann sagen:

Ich bin dankbar dafür, meinen Feinden begegnet zu sein.
Sie waren meine größten Lehrer.

Ich konnte mit dieser Aussage zunächst nichts anfangen. Warum sollten denn ausgerechnet meine Feinde meine Lehrer sein? Davon wollte ich nichts wissen. Von meinen Feinden hatte ich nun wirklich nichts zu lernen.

Seitdem hat sich meine Einstellung allmählich geändert.

* * *

Ich kann meine Vergangenheit (alles, was ich erlebt, und alle Menschen, die ich getroffen habe) als etwas betrachten, das mich schwach, bitter und unglücklich gemacht hat. Oder ich kann meine Vergangenheit als etwas ansehen, das mich stärker gemacht und mir die Möglichkeit gegeben hat, mich zu entwickeln.

Eines ist sicher: Ich kann meine Vergangenheit nicht ändern. Ich kann nur meinen Blick auf sie ändern. Wenn ich mit meinem Hass auf meine alten »Feinde« durchs Leben gehe, sie immer noch verachte, dann schade ich mir selbst. Mein Leben wird von Bitterkeit erfüllt. Das bedeutet, sich für das Unglück zu entscheiden.

Wiederholen Sie folgenden wichtigen Satz aus Buch 1:

Meine Gedanken bestimmen die Realität.

* * *

Ist es möglich, seine alten Feinde auf eine neue Art und Weise zu betrachten? Ist es sogar möglich, im Nachhinein Dankbarkeit für die Begegnung mit seinen Feinden zu empfinden?

Versuchen Sie es mit folgender Übung: Erinnern Sie sich an jemanden, den Sie vor fünf, zehn oder fünfzehn Jahren als Ihren persönlichen »Feind« betrachtet haben. Wählen Sie jemanden aus, der Ihnen schlaflose Nächte bereitet hat. Jemand, der Sie auf die Palme brachte, der Wut und Verzweiflung in Ihnen auslöste. Jemand, der Ihnen Angst machte und dem Sie sich nicht gewachsen fühlten.

Betrachten Sie diesen alten »Feind« für eine Weile. Inzwischen sind viele Jahre vergangen.

Die Begegnung mit dieser Person hat Sie zweifellos beeinflusst. Vielleicht hat sie Ihnen Ihr weiteres Leben erschwert. Vielleicht hat sie Sie gezwungen, neue Wege einzuschlagen, die Sie sonst nie betreten hätten.

Machen Sie sich bewusst, welche Menschen Sie auf diesen Wegen kennengelernt haben und welche positiven Folgen das hatte.

Überlegen Sie sich auch, welche Erfahrungen Sie durch die Begegnung mit Ihrem Feind gemacht haben, die Ihnen sonst vorenthalten geblieben wären. Sie haben auf diese Weise eine Menge darüber gelernt, wie Sie und andere Menschen in gewissen Situationen reagieren können.

Das bedeutet natürlich nicht, dass Sie in irgendeiner Form akzeptieren müssen, was diese Person gesagt oder getan hat.

Vielleicht spüren Sie, dass die Begegnung mit Ihrem Feind zu Ihrer persönlichen Entwicklung beigetragen, Sie möglicherweise sogar bereichert hat.

Wer früher schweren Übergriffen ausgesetzt war, der mag sich durch diese Sichtweise vielleicht provoziert fühlen. Die Erinnerungen sind immer noch lebendig und sorgen weiterhin für Albträume. Ich möchte mit diesem Buch erreichen, dass Sie achtsam mit sich selbst umgehen und sich neuen Gedanken erst dann öffnen, *wenn Ihnen dies möglich ist.* Vielleicht sollten Sie sich zunächst mit einem weniger schlimmen Feind beschäftigen.

Unseren schlimmsten Unglücken zum Trotz gilt für jeden Menschen:

**Wie der Rest meines Lebens verläuft,
ist ein Resultat meiner Gedanken.**

In dem Buch *A Course in Miracles* steht ein bemerkenswerter Satz, über den ich oft nachgedacht habe. Er lautet:

**Es bedarf großer Übung, um zu erkennen, dass alles,
alle Ereignisse, Begegnungen und Umstände,
eine Hilfe sind.**

Ich weiß nicht, ob dies wirklich zutrifft.

Doch wenn es so wäre?

Das ist natürlich eine sehr optimistische Art zu denken.

Eine alte Zen-Überlieferung

Als ich einmal sehr niedergeschlagen war, fiel mir folgende Erzählung in die Hände. Sie hat mir seitdem immer wieder viel Freude und Trost gespendet.

Der alte Ling Pu Jang wohnte mit seiner Familie auf einem Hof hoch in den Bergen. Eines Tages rissen sich zwei seiner Pferde los und liefen davon.

Die Bauern, die im Tal lebten, eilten zu Ling Pu Jangs Hof, verneigten sich vor ihm und beklagten das Unglück, das ihm widerfahren war. Der alte Ling Pu Jang kratzte sich den Bart und entgegnete: »Woher wisst ihr, dass es ein Unglück war?« Darauf kehrten die Bauern verwundert ins Tal zurück.

Nun begab es sich aber, dass sich die beiden entlaufenen zahmen Pferde zu einer Herde von Wildpferden gesellten und diese schließlich zu Ling Pu Jangs Hof führten.

Die Bauern des Tales eilten zu Ling Pu Jangs Hof, verneigten sich und gratulierten ihm zu seinem großen Glück. Der alte Ling Pu Jang kratzte sich den Bart und entgegnete: »Woher wisst ihr, dass es ein Glück war?« Darauf kehrten die Bauern verwundert ins Tal zurück.

Kurz darauf sattelte Ling Pu Jangs Sohn eines der Wildpferde und stieg auf, um es einzureiten. Doch schon im nächsten Moment wurde er abgeworfen und brach sich das Bein!

Die Bauern des Tales eilten zu Ling Pu Jang, verneigten sich vor ihm und beklagten sein großes Unglück. Der alte Ling Pu Jang kratzte sich den Bart und entgegnete: »Woher wisst ihr, dass es ein Unglück war?« Darauf kehrten die Bauern abermals verwundert ins Tal zurück.

Kurz darauf brach der russisch-chinesische Krieg aus. Alle Söhne des Dorfes wurden einberufen, nur Ling Pu Jangs Sohn nicht – weil er sich das Bein gebrochen hatte.

* * *

Vielleicht gibt es Unglücke, die so schwerwiegend sind, dass es äußerst schwerfällt, sie als Chance zu begreifen. Nähern Sie sich daher behutsam diesem Gedanken und erproben Sie ihn zunächst an »kleinen Unglücken«.

Wer bin ich?

Wir nähern uns dem Ende von Buch 3.

Vielleicht haben auch Sie hin und wieder den Satz gehört:

Nur wer sich selbst liebt, kann auch andere lieben.

Eine Selbstverständlichkeit? Oder eine Provokation?

Jeder will seiner Liebe zu einem anderen Menschen natürlich Ausdruck geben können. Doch was soll ich tun, wenn ich bemerke, dass es mir an Selbstvertrauen und Eigenliebe mangelt? Wie soll ich das ändern? Wo fange ich an?

Ich kann damit anfangen, dass ich mir selbst und meinen Gedanken mehr Aufmerksamkeit schenke.

Betrachte ich mich selbst als Versager oder als einen einzigartigen, wertvollen Menschen, dem zahllose Möglichkeiten offenstehen? Für welche Sichtweise entscheide ich mich?

Sich selbst zu lieben heißt auch, sich in seiner Eigenart zu akzeptieren und zu begreifen, dass man – im Rahmen seiner individuellen Möglichkeiten – sein Bestes tut. Genauso wie andere Menschen – im Rahmen ihrer Möglichkeiten – ihr Bestes tun.

Jede Veränderung beginnt bei mir selbst. Ich allein entscheide, welche Haltung ich mir gegenüber einnehme. Andere Menschen können mich zwar unterstützen, doch ich allein bin dafür verantwortlich, wie ich mich sehe.

Lesen Sie im Stillen:

Ich bin für alle Gedanken verantwortlich, die ich über mich selbst hege.

Durch die Gedanken über mich selbst erschaffe ich mein eigenes Ich.

Ich erschaffe mich Tag für Tag neu.

* * *

Gehen Sie nun zum nächsten Kapitel über und machen Sie sich behutsam mit seinem Inhalt vertraut.

Ihr angeborenes Recht

Studieren Sie im Stillen die kursiv gesetzten Zeilen auf dieser Seite.

Verweilen Sie am Anfang nur bei den Zeilen, die Ihnen unmittelbar einleuchten. Überspringen Sie einfach die Zeilen, die Ihnen Probleme bereiten. Wenn Sie wollen, können Sie die Lektüre beenden, indem Sie mehrmals die letzte Zeile wiederholen.

Ich bin einzigartig. Nur ich bin genau so, wie ich bin.

Ich bin ein wichtiger Teil der Schöpfung.

Ich habe ein enormes Potenzial.

Ich bin wertvoll, wichtig und einzigartig.

Ich trage zu dieser Welt bei.

Ich bin ein gottgleicher und fantastischer Mensch.

Ich habe einen liebevollen Kern.

Ich bin es jeden Tag wert, Freude und Liebe zu empfinden.

Ich habe alles Recht, mich glücklich zu fühlen.

Tauschen Sie das Wort »ich« hin und wieder durch den Namen eines Kollegen, Kunden, Patienten, Schülers, Ihres Kindes oder Partners aus. Doch am wichtigsten ist es, diese Übung mit sich selbst durchzuführen.

Eines ist gewiss: Jede Zeile ist wahr und gilt gleichermaßen für alle Menschen.

Vielleicht wollen Sie sich die Seite mit diesen Sätzen kopieren.

Vieles von dem, was Sie bisher gelesen haben, hat Ihnen auf unterschiedliche Weise verdeutlicht, wie man sich aus der Opferrolle befreien kann, um sein Leben selbst zu gestalten.

Es sind zwei Alternativen, zwischen denen Sie sich entscheiden können.

Wenn Sie wollen, machen Sie jetzt ruhig eine längere Pause.

Sie müssen nicht gleich zum nächsten Kapitel übergehen.

Ich bin nie davon ausgegangen, dass man dieses Buch von der ersten bis zur letzten Seite in einem Rutsch liest.

Eher im Gegenteil!

Erst wenn Ihnen das Gelesene selbstverständlich geworden ist, sollten Sie die Lektüre fortsetzen.

Vielleicht wollen Sie aber lieber noch mal zurückblättern oder das ganze Buch bis hierhin noch einmal lesen – tun Sie es!

Wenn Ihnen die Bücher 1, 2 und 3 einleuchtend und selbstverständlich erscheinen, dann heiße ich Sie zu Buch 4 willkommen.

BUCH 4
Über Verachtung und Mobbing

Meine Verachtung hat nichts mit demjenigen zu tun, den ich verachte.

Dies zu glauben, wäre die größte Illusion.
Und die gefährlichste.

Seine eigene Verachtung zu verstehen,
ist ein wichtiger Schlüssel,
um mehr Freude erleben zu können.

Holen Sie jetzt tief Luft.

Buch 4 handelt von Verachtung und Mobbing.

Verachtung

Was ist Verachtung?

Wenn ich einem anderen Menschen ironisch, arrogant oder höhnisch gegenübertrete. Wenn ich jemanden herablassend behandele, weil mir beispielsweise seine Kleidung oder sein Aussehen nicht gefallen. Wenn ich mich herablassend über jemanden äußere, weil dieser Jemand gewisse Ansichten vertritt, einer bestimmten Religion angehört oder eine andere Hautfarbe hat. All das ist Verachtung. Auch meine negativen *Gedanken* über jemanden, der etwas gesagt oder getan hat, was mir nicht gefällt, sind verachtend.

Betrifft meine Verachtung wirklich denjenigen, den ich verachte?

Stellen Sie sich vor, es wäre möglich, seine eigene Verachtung zu durchschauen und damit zu überwinden.

* * *

Durch die Begegnung mit einem anderen Menschen (auch wenn ich diesen nur sehe oder an ihn denke) kann etwas in mir geweckt werden, das ich lieber ignorieren möchte. Das können »verbotene« Gefühle, Angst, Schuldbewusstsein, Neid, eigene Schwächen und so weiter sein – eine lange Reihe unliebsamer Gefühle.

Und dieses Unbehagen will ich loswerden. Es entsteht der Wunsch, denjenigen fortzuschieben, der die unangenehmen Gefühle geweckt hat. So entsteht Verachtung. Unbewusst glaube ich, meine Angst und mein Unbehagen loswerden zu können, indem ich dem anderen meine Verachtung aufbürde. Ich benutze meine Verachtung, um den anderen fortzuschieben und mich dadurch von dem zu befreien, was mir wehtut.

Jede Form der Verachtung ist eine Projektion.
(Also die Übertragung eines eigenen Problems auf jemand anderen.)

Sie dient dem Zweck, meine Angst zu verbergen.

Anstatt mir einzugestehen, dass ich ein Unbehagen (Angst) empfinde, entscheide ich mich dafür, denjenigen zu verachten, der mir dieses Unbehagen bewusst gemacht hat. Ich wende mich nach außen, statt in mich zu gehen.

Jede Verachtung einem anderen Menschen gegenüber ist eine Art, mit der eigenen Angst umzugehen.

Ich verachte jemanden immer aus anderen Gründen, als ich glaube.

Meine Verachtung ist ganz einfach ein Versuch, meinen eigenen Schmerz zu lindern.

Intoleranz

Es ist also sehr wichtig zu erkennen, dass meine Verachtung *nichts mit der äußeren Wirklichkeit zu tun hat.*

Meine Verachtung entsteht in Wahrheit durch eine Intoleranz, die ich gegen etwas in mir selbst habe. Eine Intoleranz, die ich umforme und nach außen richte.

Jedes Mal, wenn ich jemanden verachte, bin ich intolerant gegen etwas in mir selbst.

Wenn ich jemanden zum Beispiel ironisch oder herablassend behandele, ist das ein Zeichen für mich, dass es etwas gibt, das ich an mir nicht akzeptieren kann. Meine Verachtung weist mir also stets den Weg zu etwas in mir, das ich nicht bearbeitet habe.

Wenn ich jemanden verachte, gebe ich in Wahrheit mein Unvermögen zu erkennen, etwas in mir selbst zu akzeptieren. Meine Verachtung hat also nicht das Geringste mit demjenigen zu tun, den ich verachte. Lesen Sie langsam die folgenden einfachen Sätze:

Meine Verachtung offenbart mein eigenes Unvermögen, etwas in mir selbst zu akzeptieren und zu lieben.

Ich verachte andere immer aus anderen Gründen, als ich glaube.

* * *

Es gibt einen wichtigen Zusammenhang zwischen Verachtung und Schuldgefühlen.

Wenn ich einen anderen Menschen verachte, dann ist das immer ein Angriff auf ihn. Ich mache ihn damit unwissentlich zu meinem Feind. Das erzeugt Schuldgefühle und neue Ängste in mir.

Verachtung erzeugt stets Schuldgefühle.

Ein Mensch, der verachtet, verliert seine Freude.

Eine Möglichkeit, die ich habe

Ich bin einmal einem klugen Mann begegnet.

Das war zu einer Zeit meines Lebens, in der ich einen anderen Menschen verachtete. Das tat mir selbst nicht gut.

Der kluge Mann sah sehr freundlich aus. Er lächelte die ganze Zeit, während ich ihm von all meinen verachtenden Gedanken erzählte. Als ich damit fertig war, sagte er:

»Solche Gedanken haben wohl alle mal. Die Frage ist, inwieweit man sie reflektiert.«

Für eine Weile wurde es still.

Wir schwiegen lange.

Dann nahm ein Gedanke in mir Gestalt an, der große Bedeutung für mich erlangen sollte:

Ich kann alle Gedanken ändern, die mir schaden.

* * *

Dass ich diese Möglichkeit habe, ist etwas Wunderbares.

Ein einfacher Beweis

Lesen Sie im Stillen folgende Sätze:

Die Ursache für meine Verachtung (und meinen Hass) liegt in meinem Bewusstsein. Nirgendwo anders.

Nur dort, in meinem Bewusstsein, kann ich meine Verachtung loswerden.

Nur dort ist sie zu finden.

Vielleicht haben Sie schon einmal eine Person verachtet, die Sie später besser kennenlernten. Vielleicht wurden Ihre Gefühle gar auf den Kopf gestellt, und Sie haben sich mit dieser Person angefreundet!

Dann haben Sie entdeckt, dass es möglich ist, seine Verachtung zu überwinden.

Die andere Person hat sich nicht geändert. Sie ist immer noch dieselbe. Doch Sie sind ihr nähergekommen. Haben sie näher kennengelernt. Sie besser verstanden. Sie haben Ihre eigenen Ängste über Bord geworfen.

Sie haben gelernt, dass man sich die eigene Verachtung vom Hals schaffen kann.

Das ist natürlich ein befreiendes Gefühl. In Ihrem Bewusstsein hat sich etwas verändert. Nur dort ist eine Veränderung geschehen.

Das ist der einfache Beweis, dass die Ursache Ihres Hasses und Ihrer Verachtung in Ihrem eigenen Bewusstsein zu finden ist. Nirgendwo anders.

Lesen Sie im Stillen:

Die Ursache für meine Verachtung findet sich niemals außerhalb meiner selbst.

Wenn ein Mensch einen Teil seiner Verachtung überwindet, ist das immer ein großer Sieg. Denn mit jedem Mal wächst die Liebe in ihm.

Mehr über Verachtung

Vermutlich hat jeder Mensch hin und wieder negative und herablassende Gedanken über jemand anderen. Bin ich mir darüber im Klaren, wie Verachtung entsteht und funktioniert, dann können solche Situationen lehrreich sein.

Wir haben Folgendes gesehen:

Ich verachte einen Menschen, weil er mir (oft unbewusst) Angst vor etwas in mir macht, das ich mir nicht eingestehen will.

Die Angst findet sich in mir. Nirgendwo anders. Ich bin es, der Angst hat, und versuche meine Angst dadurch zu bekämpfen, dass ich sie als Verachtung gegen jemand anderen richte. Ich versuche mir einzureden, dass die Ursache meiner Verachtung außerhalb meiner selbst liegt. (Genauso funktionieren Projektionen. Alle Projektionen dienen dazu, die Wahrheit zu verschleiern.) In Wahrheit findet sich die Ursache meiner Verachtung in mir.

Jedes Mal, wenn ich jemanden verachte, gibt mir das die Möglichkeit, etwas über mich selbst zu lernen.

Angenommen, ich verachte einen Mann für seine weichen und empfindsamen Seiten. Das könnte eine Gelegenheit sein, mir einiges über mich selbst bewusst zu machen.

Es kann unterschiedliche Gründe haben, warum ich gerade auf die Weichheit und Empfindsamkeit eines Mannes so negativ reagiere. Eine Erklärung könnte darin liegen, dass ich als Kind selbst weich und empfindsam war, mir diese Eigenschaften aber regelrecht »ausgetrieben« wurden. Vielleicht wurde ich lächerlich gemacht und jedes Mal damit aufgezogen, wenn ich diese Eigenschaften an den Tag legte. Das war eine sehr schmerzliche Erfahrung für mich. Um mich zu behaupten, musste ich also meine weichen und empfindsamen Seiten verbergen. Mit der Zeit verdrängte und verneinte ich jede Form der Empfindsamkeit in mir.

Meine Umgebung hatte für meine Empfindsamkeit nur Verachtung übrig. Also lernte ich, sie ebenfalls zu verachten und zu verdrängen.

Wenn ich nun als Erwachsener einem empfindsamen Mann begegne, erinnert er mich an meine eigene Verdrängung. Der Empfindsame erinnert mich an das, was ich gelernt habe, in mir zu verdrängen. *Ich werde mir meiner eigenen Selbstverachtung bewusst – und das tut weh!* Der Empfindsame ruft also einen starken Schmerz in mir hervor.

Ich muss ihn loswerden. Ihn lächerlich machen. Auf ihn herabblicken. Ich bezeichne ihn als Waschlappen. Ich verachte ihn. In Wahrheit tue ich das alles, um meinen eigenen Schmerz zu bekämpfen.

Was ich bei anderen Menschen verachte, habe ich gelernt, bei mir selbst zu verachten.

Jede Verachtung ist im Grunde Selbstverachtung.

All meine Verachtung gründet auf etwas in mir, das ich nicht bearbeitet habe.

* * *

Niemand kann zugleich Verachtung und Liebe empfinden. Verachtung und Liebe sind unvereinbar. Solange ich mich für die Verachtung entscheide, bin ich der Liebe und des Glücks nicht fähig.

Die wirksamste Methode, meine Verachtung zu überwinden, besteht vermutlich darin, dass ich mir all die Situationen ins Gedächtnis rufe, in denen ich Verachtung empfunden habe. Dann kann ich mich fragen: Was ist es, das ich an mir selbst nicht sehen wollte?

Lesen Sie im Stillen:

Wer verachtet, kann den Gegenstand seiner Verachtung nicht erkennen. Er sieht nur die Bilder, die er ihm auferlegt.

Erst wenn ich mich von meiner Verachtung befreie, kann ich einen Menschen so sehen, wie er wirklich ist.

* * *

Das nächste Kapitel hält eine sehr gute Übung bereit.

Verachtung – eine Übung

Lesen Sie als Einleitung zu dieser Übung folgende fünf »Schlüsselsätze«:

Ich verachte einen Menschen aus anderen Gründen, als ich glaube. Ich verachte ihn ausschließlich für das, was er in mir weckt. Meine Verachtung teilt mir etwas über mich selbst mit. Nicht über den Menschen, den ich verachte. Die Ursache für meine Verachtung findet sich in meinem Bewusstsein.

Ich verachte andere aus anderen Gründen, als ich glaube.

Sie können in diesen fünf »Schlüsselsätzen« das Wort »Mensch« natürlich auch durch andere Begriffe ersetzen. Lesen Sie die Sätze noch einmal und achten Sie auf die Wirkung, wenn Sie »Mensch« zum Beispiel durch »Frau« ersetzen:

Ich verachte eine Frau aus anderen Gründen, als ich glaube. Ich verachte sie ausschließlich für das, was sie in mir weckt. Meine Verachtung teilt mir etwas über mich selbst mit. Nicht über die Frau, die ich verachte. Die Ursache für meine Verachtung findet sich in meinem Bewusstsein.

Ich verachte andere aus anderen Gründen, als ich glaube.

Sie können es auch mit folgenden Wörtern versuchen: *Mann, Ausländer, Homosexueller, Jude, Kind, Politiker* ... Oder Sie setzen eine menschliche Eigenschaft ein, die Sie ablehnen: *Geschwätzigkeit, Freizügigkeit, Geiz, Gier, Aufdringlichkeit* ... Suchen Sie sich Begriffe und Eigenschaften aus, auf die Sie stark reagieren.

Sie können das Wort »Mensch« auch durch den Namen einer Person ersetzen, die Sie gering schätzen oder verachten. Lesen Sie langsam, und achten Sie darauf, welche Wirkung dies auf Sie hat:

Ich verachte X aus anderen Gründen, als ich glaube. Ich verachte X ausschließlich für das, was er in mir weckt. Meine Verachtung teilt mir etwas über mich selbst mit. Nicht über X, den ich verachte. Die Ursache für meine Verachtung findet sich in meinem Bewusstsein.

Ich verachte X aus anderen Gründen, als ich glaube.

Wenn Sie merken, dass die Übung funktioniert, können Sie den nächsten Schritt machen.

Es ist möglich, dass ich X verachte, weil X mir etwas bewusst macht, das ich bei mir selbst nicht sehen will. Etwas, das mir Angst macht oder das ich verdränge.

Ich glaube, was er mir bewusst macht, ist … und … und …

* * *

Dies ist eine Übung, die viel Mut und Ehrlichkeit erfordert. Denken Sie daran, dass sie Ihnen etwas über sich selbst beibringen soll. Damit Sie Ihre Verachtung besser verstehen. Und sich entwickeln können. Um glücklicher zu werden.

* * *

Alles, was ich in einem anderen Menschen sehen will, ist ein Reflex auf etwas in mir selbst.

Mobbing

Mit diesem Wissen um Verachtung gehen wir jetzt einen Schritt weiter.

Wenn ein Mensch jemanden verachtet, dann projiziert er seine Bilder auf den anderen. Dies ist immer ein *Angriff*. Jeder Angriff weckt Schuldgefühle. Um die Schuldgefühle loszuwerden, sucht er nach einer Bestätigung dafür, dass sein Angriff (seine Projektion) gerechtfertigt war. Dies ist der Ursprung von Mobbing.

Bei Mobbing handelt es sich um wiederholte Projektionen.

Mobbing ist wiederholte Verachtung für einen anderen Menschen – in Wort und Tat.

Wer mobbt, will unter allen Umständen seine Projektionen rechtfertigen. Er wiederholt sie ein ums andere Mal, um seine Schuldgefühle loszuwerden. Das Bedürfnis, recht zu haben, und das Bedürfnis, seine Schuldgefühle loszuwerden, setzen einen unheimlichen Prozess in Bewegung, dessen Geschwindigkeit stets zunimmt. Ein Prozess, den man durchschauen muss, um ihn in einer konkreten Situation zu erkennen.

Angenommen, ich schreibe einer bestimmten Person oder auch einem bestimmten Volk eine negative Eigenschaft zu. *Der ist so! Die sind einfach so!* Dies ist eine Projektion, ein Angriff, der Schuldgefühle in mir auslöst. Um scheinbar auch weiterhin im Recht zu sein (meinen eigenen Fehler nicht erkennen zu müssen), fahre ich damit fort, meine Behauptung auf den anderen oder das Volk zu projizieren. Jeder neue Angriff schafft neue Schuldgefühle, von denen ich mich wiederum befreien muss. Also suche ich erneut nach einer Bestätigung, dass ich recht habe.

Meine Augen sehen, was sie sehen wollen.

Um auch weiterhin im Recht zu sein, müssen meine Behauptungen (meine Fantasien) an *Stärke gewinnen*. Meine Projektionen müssen sich beschleunigen, meine Angriffe zunehmen. Das erzeugt *noch mehr* Schuldgefühle. Ich suche mir also Verbündete, die meine negativen Bilder bestätigen. Meine Schuldgefühle werden immer stärker. Meine Projektionen müssen sich noch mehr beschleunigen! Ich muss wieder recht haben ...

Angriff – Schuldgefühle – neue Angriffe – weitere Schuldgefühle – noch heftigere Angriffe ...

Es ist diese Kettenreaktion, die jedem Mobbing zugrunde liegt, ganz gleich, ob es am Arbeitsplatz oder in der Schule geschieht. Darum ist jede psychische und physische Gewalt (zum Beispiel in Paarbeziehungen) von Natur aus ein sich beschleunigender Vorgang. Darum steigert sich auch jede Form der Frauenverachtung (beispielsweise Pornografie).

Darum wird jeder Völkermord von einer sich stets steigernden Propaganda (Lügen) über die »Eigenschaften« dieses Volkes begleitet. *Angriff – Schuldgefühle – neue Angriffe – weitere Schuldgefühle – noch heftigere Angriffe ...*
Eine Kettenreaktion von Projektionen, deren Eskalation zunimmt – bis zur versuchten Vernichtung derer, die man verachtet.

Es ist wichtig, die Beschleunigung dieses Prozesses zu begreifen. Betrachten Sie ihn ein weiteres Mal in Kurzform:

Die erste Projektion ist ein Angriff ... der Schuldgefühle weckt ... die durch einen neuen und heftigeren Angriff bestätigt werden müssen ... was neue Schuldgefühle verursacht ... die eine neue und größere Bestätigung erforderlich machen ... was ein Bedürfnis nach größeren Lügen, größeren Projektionen und Verbündeten verursacht ... was größere Schuldgefühle hervorruft ... die weitere und schlimmere Angriffe nach sich ziehen ... bis man eine »endgültige Lösung« finden will, die immer eine Form der *totalen Isolierung* oder *Vernichtung* ist.

Wer große Schuldgefühle hat, hegt im Grunde den folgenden Gedanken:

Ich ertrage es nicht, meine Schuldgefühle zu erkennen.
Deswegen muss das verschwinden, was mir Schuldgefühle bereitet.

Es muss vernichtet werden.

* * *

Aufgrund der Beschleunigung dieses Prozesses *muss gegen Mobbing sofort etwas unternommen werden. Beim geringsten Anlass.*

Diejenigen, von denen das Mobbing ausgeht, sowie die Umgebung müssen Folgendes begreifen:

Das Problem befindet sich nie »da draußen«.

Das Problem befindet sich immer im Bewusstsein der Unterdrücker.

Lesen Sie abschließend folgenden Satz. An seiner Wahrheit besteht kein Zweifel:

Jedes Mobbing zeugt vom Unvermögen des Unterdrückers, etwas in sich selbst zu lieben.

* * *

Denken Sie eine Weile über das Gelesene nach.

Mobbing und Verachtung werden durch Ängste verursacht.

Wer Angst hat, greift denjenigen an, der die Angst hervorruft.

Er ärgert sich aus anderen Gründen, als er glaubt.

Es gibt zwei große Kräfte.

Die eine ist Angst.

Die andere ist die Abwesenheit von Angst, also Liebe.

Angst und Liebe sind unvereinbare Gefühle.

Sie können nicht gleichzeitig erlebt werden.

Was passiert, wenn Angst auf Liebe trifft?

Dieser Frage nähern wir uns jetzt.

Ein Beispiel dafür wird im Spielfilm *Amadeus* thematisiert.

Davon erzählt das nächste Kapitel.

Wenn Angst und Liebe sich begegnen

Ein treffendes Beispiel dafür, was geschieht, wenn Angst und Liebe aufeinandertreffen, zeigt der Spielfilm *Amadeus* von Milos Forman. In diesem Film über Mozart geht es um ein universelles Thema:

Was ein Mensch in sich selbst verneint, wendet er in Form von Erniedrigung, Hohn und Spott nach außen.

Der Film spielt im 18. Jahrhundert am Kaiserlichen Hof in Wien. Hierhin kommt der junge Musiker und Komponist Wolfgang Amadeus Mozart, der weithin als genial bekannt ist. Alles, was er komponiert, hat etwas Göttliches. Alle, die seine Musik hören, sind zutiefst berührt.

Mozart steht in diesem Film für das *begnadete schöpferische Kind, das seine Fähigkeiten zur vollen Entfaltung bringt.* (Diese Kraft gibt es in jedem Menschen.) Mozarts Schöpferkraft ist einzigartig. Angst liegt ihm fern. Er steht für Authentizität, das Leben und die Liebe.

Am Kaiserlichen Hof gibt es einen weiteren Musiker und Komponisten, einen älteren Mann, Salieri. Er weiß, wie eine Komposition formal aufgebaut sein muss. Er beherrscht sein Handwerk. Er ist tüchtig. So tüchtig, dass auch er Wertschätzung und Berühmtheit erlangt. Doch seine Zuhörer haben nur selten starke Empfindungen, sind kaum einmal tief berührt.

Als Salieri Mozarts göttliche Musik vernimmt, wird er aschfahl im Gesicht. Er bekommt Angst. Viele Einstellungen des Films zeigen Salieris angespanntes, verbissenes Gesicht. Er empfindet Neid und Verachtung.

Salieri ist im Film ein Symbol für Kontrolle, Regeln und Macht. Er verkörpert die Angst vor dem Leben. Mozart verkörpert die Liebe zum Leben. Die Begegnung dieser beiden Kräfte wird dramatisch.

Als Salieri Mozarts Musik hört, wird ein Schmerz in ihm geweckt. So groß ist der Schmerz, dass er versucht, seinen Verursacher zu töten. Salieri will Mozart umbringen. *Davon erzählt der Film.*

* * *

Wir alle haben einen »Mozart« in uns. Wir alle verfügen über Feingefühl, Intuition, Verspieltheit und Spontanität. Das ist das Göttliche ins uns. Die Liebe zum Leben.

Doch wir haben auch einen »Salieri« in uns. Das Bedürfnis nach Kontrolle und Regeln. Neid und Machtstreben. Die Angst vor dem Leben.

Vermutlich sind wir auch alle schon einmal einem »Salieri« begegnet. Vielleicht in Gestalt der Eltern, eines Lehrers, unseres eigenen Partners oder Kollegen. Wir sind dem Neid und der Angst (Verachtung) begegnet, die sich gegen das Leben, die Spontanität und Authentizität richtete, die wir in uns tragen.

Versuchen Sie sich für eine Weile behutsam mit Salieri zu identifizieren, um ihn wirklich zu verstehen. Dieses Symbol der Angst und der Macht. Verschaffen Sie sich Zugang zu seinem Herzen, zu allem, was er verdrängt hat. Entdecken Sie das Kind, das sich in jedem Salieri verbirgt.

Sie *sind* jetzt Salieri. Betrachten Sie Mozart für einen Moment mit seinen Augen:

»Wenn du, Mozart, vor mir stehst mit deinem wahren und offenen Gesicht und mich an all das LEBEN erinnerst, vor dem ich mich verkrieche – dann weckst du einen Schmerz in mir.

Wenn du vor mir stehst und mich an all die Empfindsamkeit, Spontanität und Natürlichkeit erinnerst, die von den Erwachsenen lächerlich gemacht, verhindert und bestraft wurde ...

Wenn du vor mir stehst und mich an all das Leben erinnerst, das ich als Kind nicht zeigen durfte und zu verneinen lernte ... das ich mein ganzes Leben lang zu verdrängen versuchte ... dann weckst du in mir einen ignorierten Schmerz, der so stark ist, dass ich ihn irgendwie bekämpfen musste. Du musst wissen, dass dies für mich eine Frage von Leben und Tod ist.

Eine Methode, den Schmerz zu bekämpfen, besteht darin, ihn ins Lächerliche zu ziehen. Dich auf Distanz zu halten, auf dich herabzublicken, dich gering zu schätzen und zu objektivieren. Und dich schließlich zu töten.«

* * *

Salieri ärgert sich aus anderen Gründen, als er glaubt.

All das, *was Mozart in ihm weckt*, erregt Salieris Zorn. Doch das begreift er erst auf seine alten Tage. Erst im Alter wird ihm bewusst, dass nicht Mozart das Problem war, sondern es in ihm selbst lag. Als Salieri dies erkennt, empfindet er tiefe Reue und versucht, sich das Leben zu nehmen.

* * *

Viele können sich in Mozart wiedererkennen. Wir alle sind vielleicht schon einmal einem Erwachsenen begegnet (einem Verwandten, Nachbarn oder Lehrer), der sich von all dem Leben, das wir in uns hatten, provoziert fühlte. Der Erwachsene machte sich womöglich darüber lustig, sprach geringschätzig über unsere Gefühle, unterdrückte unsere Lebensfreude ...

All das, um seinen eigenen Schmerz zu bekämpfen. All das, um mit seiner Angst vor dem Leben fertigzuwerden.

Lesen Sie im Stillen:

Wer Angst vor dem Leben hat, neigt dazu, seinen Schmerz zu bekämpfen, indem er das Leben unterdrückt.

Der Film *Amadeus* erzählt von der Begegnung dieser beiden Kräfte:

Der Liebe zum Leben – der Angst vor dem Leben.

* * *

Sehen Sie sich um. Suchen Sie in Ihrer Umgebung (im Freundeskreis, am Arbeitsplatz, in der Familie ...) nach Mozart-Salieri-Konstellationen. Vielleicht entdecken Sie Konstellationen, in denen die Angst (Salieri) auf verschiedene Weise versucht, das Leben (Mozart) zu unterdrücken.

Diesen Mechanismus – bei sich selbst und anderen – zu durchschauen, ist der erste Schritt, um ihm entgegenzuwirken.

Wenn Angst und Liebe sich begegnen 2

Das vorige Kapitel handelte von der Begegnung zwischen Mozart und Salieri.

Salieri repräsentiert Ordnung, Logik, Vernunft, Regeln, Autorität und Macht. Eigenschaften, die in unserer Kultur oft als »männlich« bezeichnet werden.

Mozart repräsentiert Intuition, Empfindsamkeit, Spontanität, Verspieltheit, Zärtlichkeit und Weichheit. Eigenschaften, die in unserer Kultur oft als »weiblich« bezeichnet werden. (Diese Eigenschaften haben nichts mit dem Geschlecht zu tun.)

Der Film über Mozart und Salieri thematisiert AUCH, was geschieht, wenn »das Männliche« und »das Weibliche« aufeinandertreffen.

Der kursiv gesetzte Text des vorigen Kapitels – Salieris Gedanken und Gefühle gegenüber Mozart – wird an dieser Stelle wiederholt, wobei das Wort »Mozart« durch »Frau« ersetzt wurde.

Werden Sie also in folgendem Beispiel ein Mann, der eine Frau betrachtet:

»Wenn du, Frau, vor mir stehst mit deinem wahren und offenen Gesicht und mich an all das LEBEN erinnerst, vor dem ich mich verkrieche – dann weckst du einen Schmerz in mir.

Wenn du vor mir stehst und mich an all die Empfindsamkeit, Spontanität und Natürlichkeit erinnerst, die von den Erwachsenen lächerlich gemacht, verhindert und bestraft wurde ...

Wenn du vor mir stehst und mich an all das Leben erinnerst, das ich als Kind nicht zeigen durfte und zu verneinen lernte ... das ich mein ganzes Leben lang zu verdrängen versuchte ... dann weckst du in mir einen ignorierten Schmerz, der so stark ist, dass ich ihn irgendwie bekämpfen musste. Du musst wissen, dass dies für mich eine Frage von Leben und Tod ist.

Eine Methode, den Schmerz zu bekämpfen, besteht darin, ihn ins Lächerliche zu ziehen. Dich auf Distanz zu halten, auf dich herabzublicken, dich gering zu schätzen und zu objektivieren. Und dich schließlich zu töten.«

Lesen Sie den Text weitere Male. Sie können das Wort »Frau« dabei auch durch »Kind« oder »Schüler« oder etwas anderes ersetzen.

* * *

Lassen Sie sich Folgendes durch den Kopf gehen:

Ein Mensch reagiert auf seine unterdrücke Sehnsucht nach Nähe und Empfindsamkeit, indem er das gering schätzt, verachtet und objektiviert, was seine Sehnsucht hervorruft.

Denken Sie daran:

Was ein Mensch in sich selbst verneint, wendet er in Form von Erniedrigung, Hohn und Spott nach außen.

* * *

Eines macht Hoffnung:

Selbst Projektionen, die der gesamten Gesellschaft gemein sind, können sich ändern. Jede Veränderung beginnt auf der Ebene der Gedanken. Alle Gedanken, die von einem Menschen, einer Gruppe oder der Gesellschaft gehegt werden, lassen sich ändern. Veränderung ist immer möglich.

Damit endet Buch 4.

Nun folgt der Abschlusskurs.

Buch 5

Abschlusskurs

Von der Kraft, seine Gedanken zu ändern

Eine unheimliche Entdeckung

Es kam manchmal vor, dass ich glücklich war.

Es ging mir richtig gut! Ich fühlte mich stark und frei. Ich blickte voller Freude in den Spiegel.

So war es manchmal, wenn ich mit anderen Leuten beisammen gewesen war, in deren Gegenwart ich ganz ich selbst sein konnte. Dann war ich glücklich. Glücklich darüber, ich selbst zu sein.

Ich wurde von positiven, frohen und dankbaren Gedanken über mich erfüllt.

Doch während ich von diesem wunderbaren Gefühl erfüllt wurde, konnte ich es von einem auf den anderen Moment mit der Angst zu tun bekommen. Dann fuhr mir plötzlich der Schreck in die Glieder. Ich fürchtete, dass mir etwas Schlimmes zustoßen könnte. Wenn ich im Auto saß, trat ich sogleich auf die Bremse und fuhr vorsichtiger. Es konnte ja schließlich jederzeit ein Unglück geschehen.

Ich bemerkte, dass mir folgende Gedanken durch den Kopf gingen: *So gut kann es einfach nicht weitergehen. Glück empfindet man nur in kurzen Momenten. Auf Sonne folgt Regen. Irgendwann wird zwangsläufig ein Rückschlag kommen.*

Doch damit nicht genug. Auch folgende Gedanken hatten sich bei mir eingeschlichen: *Ich habe so viel Glück gar nicht verdient. Ich bin es nicht wert. Ich bin nicht gut genug.*

Ich entdeckte Folgendes:

Wenn ich gute, positive und wunderbare Gedanken über mich selbst hatte, erwartete ich irgendeine Form der BESTRAFUNG!

Ich erzählte dies anderen Menschen. Sie nickten, weil sie diese Gedanken kannten. Viele hatten dieselbe Erfahrung gemacht.

WER, fragte ich mich, gibt uns diese Gedanken ein? WER will, dass wir kleinmütig und verängstigt sind? Das sind doch schließlich Gedanken, die uns in unserem eigenen Unglück festhalten. Die uns daran hindern, ein rundum glückliches Leben zu führen.

Ich ging also auf Entdeckungsreise.

Zunächst stieß ich auf das allgegenwärtige Gebot, dass man sich ja nicht einbilden solle, etwas wert zu sein. Ein weit verbreitetes, von vielen verinnerlichtes Gebot, das in der Angst begründet liegt, die eigene Größe zu erkennen.

Doch nahm ich noch eine andere Stimme wahr. Eine Stimme, die uns beständig einzuflüstern scheint: **Du bist ein armer, sündiger Mensch ... geboren in Sünde!**

So hat die Kirche seit Jahrhunderten zu den Menschen gesprochen! Und die Menschen haben die Rücken gebeugt und sich selbst als sündig bezeichnet. Im Laufe vieler Generationen hat sich diese negative Überzeugung in ihnen verfestigt. Die Kirche, eine dominierende Macht in der Gesellschaft, hat die Menschen dazu gebracht, sich selbst zu verurteilen und auf sich herunterzublicken.

Eines wurde mir sehr deutlich:

Kein Mensch kann sich lieben, der so negative und abwertende Gedanken über sich selbst hat.

* * *

Ich hatte *eine* Ursache dafür entdeckt, warum viele Menschen ein so negatives Selbstbild haben. Eine Ursache, warum es vielen Menschen so schwerfällt, sich selbst zu schätzen, sich zu lieben und die eigene Größe zu erkennen (wodurch es ihnen ebenso schwerfällt, andere zu schätzen, zu lieben und ihre Größe zu erkennen). Wer sich selbst verurteilt und mit Schuldgefühlen belädt, der wird dies auch bei anderen tun.

Das war eine wichtige und unheimliche Entdeckung: Die Kraft, die mich »zu Boden drücken und bestrafen wollte«, wenn ich von Glück und Freude über mich selbst erfüllt war – diese Kraft war *der verurteilende und strafende Gott*.

Wenn ich es für einen Moment wagte, meine einzigartige und wunderbare Größe zu bejahen, dann war es *der verurteilende und strafende Gott*, der mich in die Knie zwingen wollte.

So gut darf sich niemand fühlen. Niemand darf sich ungestraft für etwas Wertvolles halten. So dankbar sich selbst gegenüber darf kein Mensch sein. Niemand darf ein solches Glück empfinden. Vielmehr sollen alle sich schuldig fühlen!

Es sind diese Gedanken und Überzeugungen, die uns daran hindern, uns so anzunehmen und zu lieben, wie wir sind. Sie hindern uns daran, glücklich zu sein. Sie hindern uns auch daran, andere Menschen zu lieben.

Doch eines gibt Hoffnung: Auch tief verwurzelte Einstellungen lassen sich ändern.

Jeden Gedanken und jede Überzeugung, die mich an meinem Glück hindern, kann ich ändern.

Im nächsten Kapitel werden Sie erfahren, wie ich daranging, die Gottesvorstellung zu ändern, die mich hemmte.

Seine Überzeugungen ändern

Ich hatte begriffen, dass mich das Bild, das ich mir von Gott gemacht hatte, hemmte und belastete (siehe voriges Kapitel). Ich musste meine Gedanken über Gott ändern, um mir selbst einen Dienst zu erweisen.

Unabhängig davon, ob wir an Gott glauben oder nicht, so haben wir doch alle gewisse Vorstellungen, wenn wir das Wort »Gott« hören. Und viele sind innerhalb einer Kultur aufgewachsen, in der die Vorstellung eines verurteilenden, strafenden Gottes fest verankert ist. So hatte diese Vorstellung Gelegenheit, allmählich im Bewusstsein vieler Menschen Wurzeln zu schlagen.

Eines macht Hoffnung:

Ich kann meine Gedanken über Gott ändern.

Der erste Schritt für mich war die Erkenntnis, dass der verurteilende und strafende Gott eine Erfindung ist. Die Kirche verfolgte mit diesem Gottesbild den Zweck, die Menschen in Angst zu halten. (Dahinter stand womöglich das Bestreben, die eigene Angst vor dem Leben zu bekämpfen. Die Angst vor der eigenen Lust, Sexualität, Freude und Größe.) Ich begriff, dass der verurteilende und strafende Gott nicht existiert. Er ist eine Erfindung.

Schon diese Erkenntnis war für mich eine Befreiung! Doch wollte ich meine alte Gottesvorstellung auch durch eine neue und bessere ersetzen. Ich begann mir Folgendes zu sagen:

Was man Gott nennt, ist die Summe aller Liebe.

Kein Urteil

Über einen bestimmten Zeitraum hinweg las ich täglich diese Sätze:

Ich entspringe der Liebe.
Man kann sie als Gott,
ein höheres Bewusstsein
oder als Leben bezeichnen.

Begriffe wie Schuld, Sünde und Strafe
haben hier nichts zu suchen.
Denn sie sind der Liebe fremd.

Gott ist Liebe.
Liebe verurteilt nichts.

Ich begann mich also an einen Gottesbegriff zu gewöhnen, der reine Liebe war! Reine, bedingungslose Liebe. Ohne jede Androhung von Rache und Strafe. Das war eine Befreiung.

Wenn ich meine eigene Größe nicht sah, das wusste ich, dann würde ich sie auch in anderen nicht sehen können.

Allmählich freundete ich mich auch mit einem anderen Gedanken an – der selbstverständlichen und doch schwindelerregenden Konsequenz eines Gottesbildes, das nichts als Liebe ist.

Dieser Gedanke ist in dem Buch *A Course In Miracles* folgendermaßen formuliert:

Gott verzeiht nichts. Weil er niemals verurteilt hat.

Ein wunderbarer Gedanke!

Liebe verurteilt nie.

Mama

Auch dieses Kapitel handelt von der Kraft, seine Gedanken zu ändern.

Lesen Sie zunächst:

Wenn ich meine Gedanken über einen anderen Menschen ändere, ändern sich auch meine Gefühle und alle spontanen Reaktionen diesem Menschen gegenüber.

* * *

Meine Mutter wurde 94 Jahre alt. Während ihrer letzten Lebensjahre hatten wir ein wunderbares Verhältnis zueinander. Das war nicht immer so.

Vor 20 bis 25 Jahren kam meine Mutter mich oft besuchen. Ich holte sie vom Zug ab, und wir fuhren zu mir nach Hause. Meistens blieb sie drei, vier Tage lang, und wir hatten stets die besten Vorsätze.

Sobald sie bei mir angekommen war, machte sie sich ans Werk: Sie begann zu bügeln, den Dachboden aufzuräumen, sich um die Wäsche der Kinder zu kümmern, zu backen und so fort.

Wenn ich nach anderthalb Tagen meine Jacke anzog und mich anschickte aus dem Haus zu gehen, um ein bisschen frische Luft zu schnappen, schaute sie mich vorwurfsvoll an und sagte: »*Du willst doch wohl nicht in dieser Hose aus dem Haus gehen!*«

Das Merkwürdige war, dass ich, ein erwachsener Mann, sofort irritiert und verärgert war. Ich schnappte regelrecht nach Luft (wurde zum Opfer).

Oder wir saßen am Küchentisch und aßen zu Mittag: Ich habe bereits eine Portion gegessen. Mein Teller ist leer. Auf dem Tisch steht eine Schüssel mit Kartoffeln. Meine Mutter schiebt mir die Schüssel entgegen und sagt: »*Willst du nicht noch eine Kartoffel essen?*« Als ob ich das nicht selbst entscheiden könnte!

Ja, ich ärgerte mich maßlos über sie – und versuchte sie zu ändern. Doch ohne Erfolg! Das Ganze endete nicht selten damit, dass sie einen früheren Zug nach Hause nahm und ich der Meinung war, sie habe noch eine ganze Menge zu lernen.

Seitdem ist viel Zeit vergangen.

Vor zwölf Jahren nahm ich an einem Wochenendkurs von John Diamond teil. Er ist Professor, Psychiater und Verfasser des Buches *Der Körper lügt nicht*.

John Diamond hat an diesem Wochenende etwas gesagt, das eine große Bedeutung für mich erlangen sollte. Er ist der Meinung, dass alle Probleme, die wir in unseren Beziehungen zu anderen Menschen haben, unserem unbewussten Glauben entspringe, *dass wir von unserer Mutter nicht ausreichend geliebt wurden.*

Diese tiefe Überzeugung führe zu dem, was er den »Hass auf die Mutter« nennt. Dieser Hass (sowie das Bedürfnis nach Rache) liege allem Hass und aller Verachtung anderer Menschen zugrunde. Ein Hass, der sich in seiner äußersten Konsequenz als mangelnder Respekt vor dem Leben zeige.

Mit dieser verinnerlichten Überzeugung *(Meine Mutter hat mich nicht ausreichend geliebt)* stehe unser gesamtes Leben im Zeichen der unbewussten Rache an der Mutter *und allem übrigen Leben.*

John Diamond betrachtet beispielsweise die Pornografie als Ausdruck dieses Hasses auf die Mutter. Ein anderes Beispiel sei die Unterdrückung der Frau beziehungsweise der Mangel an Gleichberechtigung. Auch die Umweltzerstörung geht Diamonds Meinung nach auf diesen Hass zurück. »*Jeder fehlende Respekt vor dem Leben und der Natur hat seinen Ursprung in diesem unbewussten Hass auf unsere Mütter.*«

Ich war ganz Ohr.

An dem, was er sagte, war etwas dran.

Ich erkannte etwas wieder.

Ich war also meinen Gedanken über meine Mutter zum Opfer gefallen. Wie konnte ich mich von ihnen befreien?

Natürlich ist keine Mutter der Welt perfekt und wird dies auch niemals sein. Für mich stellte sich jedoch die Frage, ob ich die Beziehung zu meiner Mutter in unveränderter Form fortsetzen wollte. Wollte ich weiter an der tief verwurzelten inneren Überzeugung festhalten, von meiner Mutter nicht ausreichend geliebt worden zu sein?

Eine Möglichkeit, diese Überzeugung zu ändern, sagt John Diamond, kann darin bestehen, nach positiven Seiten bei seiner Mutter zu suchen. *(Merkwürdigerweise konzentrieren wir uns oft ausschließlich auf ihre negativen Eigenschaften und vergessen das Positive!)*

Diamond regt an, sich auf eine Eigenschaft seiner Mutter zu besinnen, für die man dankbar ist.

Danken Sie ihr beispielsweise dafür, dass sie Sie geboren und Ihnen das Leben geschenkt hat!

Für mich war das ein vollkommen ungewohnter Gedanke. Niemals zuvor hatte ich so über meine Mutter gedacht!

Es spielt keine Rolle, ob die eigene Mutter noch lebt, sagt John Diamond. Man kann trotzdem seine Dankbarkeit darüber zum Ausdruck bringen, dass sie einem das Leben geschenkt hat. Wenn man sich daran gewöhnt hat, diese Worte mit Leichtigkeit auszusprechen, wird man ein tiefes Gefühl der Befreiung empfinden. Diamond fordert auf, sich genug Zeit zu nehmen, bis man aus vollem Herzen sagen kann: *»Mama, ich bin dankbar dafür, dass du mir das Leben geschenkt hast.«*

* * *

Vielleicht wollen Sie es selbst ausprobieren.

Versuchen Sie sich zunächst bildlich vorzustellen, wie Sie dies zu Ihrer Mutter sagen: *»Mama, ich bin dankbar dafür, dass du mir das Leben geschenkt hast.«* Oder: *»Mama, ich bin dankbar dafür, dass du mich geboren hast.«* Entscheiden Sie sich für die Formulierung, die Ihnen lieber ist. Üben Sie so lange, bis Ihnen der Satz mit Leichtigkeit über die Lippen kommt. Bis Sie auch wirklich Dankbarkeit dafür empfinden, dass sie Ihnen das Leben geschenkt hat.

Bei mir hat es ungefähr zwei Jahre gedauert, bis ich ihr diesen Satz mit echter Überzeugung *direkt ins Gesicht* sagen konnte. Als ich es das erste Mal tat, war dies ein großes Erlebnis für mich. Meine Mutter war wieder einmal zu Besuch bei mir. Ich kann mich noch genau daran erinnern. Sie stand in der Küche und bügelte. Ich war im Schlafzimmer und empfand eine große Freude. Ich ging zu ihr in die Küche und sagte:

»Da ist eine Sache, Mama, die ich dir schon lange sagen wollte. Ich bin so ungeheuer froh und dankbar dafür, dass du mir das Leben geschenkt hast!«

»Was sagst du da?«, fragte sie. Dann fing sie leise an zu weinen. Wir umarmten uns lange und ich wiederholte, wie dankbar ich ihr sei. Einen Monat später wiederholte ich es erneut. Ich rief sie einfach eines Tages an, als es mir gut ging, und sagte mit Leichtigkeit:

»Weißt du, Mama, ich bin so unbeschreiblich froh und dankbar dafür, dass du mir das Leben geschenkt hast!«

Ein einziger neuer Gedanke über meine eigene Mutter veränderte unsere Beziehung von Grund auf.

* * *

Danach hatten wir ein wunderbares Verhältnis zueinander. Wir lachten sehr viel, wenn wir beisammen waren. Sie fragte mich immer noch, ob ich noch eine Kartoffel will, worauf ich mühelos antwortete: *»Eine Kartoffel? Ja, warum nicht. Die sind wirklich sehr gut.«* Oder: *»Danke, sie schmecken sehr gut. Aber ich bin wirklich satt.«*

Es war nicht meine Aufgabe sie zu ändern. Aber ich übernahm die Verantwortung für unsere Beziehung.

Wiederholen Sie schließlich:

Wenn ich meine Gedanken über einen anderen Menschen ändere, ändern sich auch meine Gefühle und alle spontanen Reaktionen diesem Menschen gegenüber.

Vier Schritte zum Verzeihen

Hier folgt ein weiteres Kapitel über die Kraft, seine Gedanken zu ändern.

Vermutlich sind auch Sie bei der Auseinandersetzung mit einem anderen Menschen schon mal heftig aus der Haut gefahren.

Doch hinterher ging es Ihnen nicht gut. Sie hatten ein schlechtes Gewissen. Sie gerieten aus dem Gleichgewicht. Vielleicht haben Sie auch Dinge getan, die Ihnen nicht gut taten – haben sich beispielsweise eine Zigarette angesteckt, obwohl sie eigentlich mit dem Rauchen aufgehört hatten. Und gleichzeitig versuchte eine innere Stimme (Ihr Ego), Sie zu überzeugen, dass Sie *»allen Grund haben, wütend zu sein«*. Der andere habe sich schließlich *»so dumm«* verhalten.

Wer möchte schon, dass solch ein Zustand andauert?

Vielleicht wollen Sie dem anderen wieder unbefangen und fröhlich ins Gesicht sehen, wieder mit ihm lachen können und die Vergangenheit endgültig hinter sich lassen.

Wenn Sie das wollen, dann gibt es eine fabelhafte Übung, die Ihnen helfen wird. Sie baut darauf auf, dass Sie (genau wie im Kapitel »Änderungen im Geiste«) in Ihrer Fantasie eine neue Version der Ereignisse schaffen (visualisieren). Im Geiste ersetzen Sie die Erinnerungsbilder Ihres Angriffs durch neue und bessere. Doch nun kommt ein wichtiger Zusatz:

Verzeihen Sie sich selbst.

Der Prozess der Vergebung hat vier Schritte. Hintergrund ist der Konflikt mit einem anderen Menschen (A). Sie bedauern aufrichtig Ihr Verhalten und wollen sich wieder frei fühlen.

Schritt 1: Sie wollen A wieder unbefangen gegenübertreten können und die Vergangenheit ruhen lassen. Sie entscheiden sich, das Verhältnis zu A wieder ins Reine zu bringen.

Der erste Schritt ist manchmal der schwerste. Vielleicht fühlen Sie sich immer noch ungerecht behandelt und sind so wütend, dass Sie an diesem Zustand festhalten wollen. Sie wollen lieber wütend, verletzt, traurig und unglücklich bleiben. Der andere hat sich schließlich *so idiotisch benommen!*

Möglicherweise müssen Sie noch etwas länger in diesem Zustand verharren, ehe Sie in der Lage sind zu sagen: *Ich will mich nicht mehr so fühlen! Ich will frei sein. Ich will mein Verhältnis zu A wieder ins Reine bringen.* Wenn Sie das wirklich wollen, dann können Sie zu Schritt 2 übergehen.

Schritt 2 bedeutet, dass Sie in Kontakt mit einem Teil von sich treten, den Sie an sich schätzen. Mit Ihrem »höheren Ich«.

Suchen Sie sich dazu einen ruhigen Platz. Entspannen Sie sich.

Erinnern Sie sich an eine Situation, in der Sie sich vollkommen *sicher, gegenwärtig, stark, lebendig und voller Liebe* fühlten. Rufen Sie sich die Bilder dieser Situation ins Gedächtnis. Betrachten Sie sich selbst. So haben Sie sich verhalten. So sollten Sie eigentlich immer sein.

Wenn Sie diese Bilder in aller Ruhe auf sich wirken lassen können, dann ist es Zeit für Schritt 3.

Bei Schritt 3 müssen Sie sich bildlich vorstellen (visualisieren), wie Sie im damaligen Konflikt gern reagiert hätten.

Nun muss ein Teil Ihrer Persönlichkeit, Ihr »höheres Ich«, ein Gespräch mit Ihrem »Alltags-Ich« führen. Sollten Sie zufällig Anna heißen, dann sagt Ihr »höheres Ich« zu Ihnen:

Ich hätte es vorgezogen, wenn du, Anna ...

Dann beschreiben Sie (Ihr »höheres Ich«) so konkret wie möglich (Schritt für Schritt), wie Sie sich am liebsten verhalten hätten. Während Sie mit sich selbst reden, visualisieren Sie das Gesagte in klaren, deutlichen Bildern. (Im nächsten Kapitel folgt ein Beispiel, das genau zeigt, wie das funktioniert.)

Jedes neue positive Verhalten kommentieren Sie mit der Einleitung: *»Ich hätte es vorgezogen, wenn du, Anna ...«*

Gehen Sie noch mal Schritt für Schritt den Konflikt durch und beobachten Sie die positive Entwicklung Ihres Verhaltens. Registrieren Sie, dass Sie sich A gegenüber jetzt so verhalten, wie Sie es sich gewünscht hätten. Lassen Sie auf diese Weise die gesamte Situation noch einmal vor Ihrem geistigen Auge ablaufen.

Wenn Sie das getan haben, dann konnten Sie sich selbst und die andere Person in ganz neuen Szenen erleben. Sie haben gesehen, wie Sie vollkommen ruhig und souverän waren – ganz so, wie Sie es sich gewünscht hatten.

Gehen Sie dann zu Schritt 4 über. (Wenn Sie das Gefühl haben, dass Ihnen das nicht ohne weiteres möglich ist, dann wiederholen Sie Schritt 3.)

Schritt 4: Sie verzeihen sich selbst.

Jetzt sagen Sie zu sich selbst (zu Ihrem »Alltags-Ich«):

Aus irgendeinem Grund, Anna, hast du dich nicht ganz so verhalten (wie in der positiven Variante beschrieben), das verzeihe ich dir.

Ich will, dass du dich jetzt vollkommen davon befreist, sowohl in deiner Beziehung zu A als auch zu anderen Menschen. Du bist jetzt frei!

Es ist möglich, dass Sie nun, nachdem der gesamte Prozess der Vergebung durchlaufen ist, Freude und Erleichterung empfinden. Vielleicht sehnen Sie sich danach, A ein weiteres Mal zu begegnen. Sie haben sich ein Bild davon geschaffen, wie Sie beide auf eine neue und bessere Art miteinander kommunizieren. Und Sie haben sich selbst verziehen!

Folgendes haben Sie erfahren:

Vergebung beseitigt alle Hindernisse, die zwischen Ihnen und einem anderen Menschen stehen.

* * *

Ich habe diesen Prozess schon oft durchlaufen. Am Anfang kann das ziemlich mühselig sein. Doch wenn Sie ihn erst verinnerlicht haben, ist er ein fantastisches Hilfsmittel, um sich von Schuldgefühlen zu befreien. Ein Hilfsmittel, um sich für die Freude zu entscheiden.

Wenn Sie beginnen, sich mit dem Prozess der Vergebung vertraut zu machen, ist es oft von Vorteil, zu zweit zu sein. Sie können ihn mit einem Freund oder einer Freundin gemeinsam durchlaufen, der/die Ihnen die einzelne Schritte vorliest und Sie unterstützt.

Im nächsten Kapitel folgt ein Beispiel.

Ein Beispiel, wie man sich verzeiht

In diesem Beispiel möchte ich auf einen Vorfall zwischen mir und meiner Frau Carin zu sprechen kommen.

Wir sind froh und dankbar über das Leben, das wir gemeinsam führen. Es geht uns gut zusammen. Dennoch geschieht es hin und wieder, dass wir miteinander in Streit geraten.

Einmal passierte es uns unmittelbar, bevor ich zur Arbeit fuhr. *(Ich glaube, ich hatte Angst vor einer bestimmten Aufgabe, die ich übernommen hatte.)* Ich stehe zu Hause im Flur und ziehe meine Jacke an. Als ich gerade aus der Tür gehen will, macht Carin irgendeine Bemerkung, die mich ärgert. Es entsteht ein kurzer Wortwechsel, und schon im nächsten Moment geraten wir uns richtig in die Haare. Meine Erregung steigert sich. Ich bin jetzt stinkwütend! Ich zwänge mich in meine Jacke, rufe ihr noch etwas Dummes entgegen und stampfe zur Haustür. Hinter mir höre ich Carin sagen: *Aber wir wollen uns doch wohl nicht so voneinander verabschieden ...«* Doch ich knalle einfach die Haustür hinter mir zu. Peng!

Ich haste zum Auto. Als ich mich hinter das Steuer setze, sehe ich Carin am Küchenfenster stehen und mich ansehen. Ich lasse den Motor an, setze rückwärts auf die Straße und fahre mit quietschenden Reifen davon. Wenige Minuten später bin ich auf der Autobahn und rase meinem Ziel entgegen.

Mein Herz pocht heftig. Ich umklammere krampfartig das Lenkrad. Ich bin eine Gefahr für die übrigen Verkehrsteilnehmer. Es geht mir miserabel. Schon bald soll ich eine Gruppe von Leuten treffen und muss Herr meiner selbst sein! Und das gut gelaunt!

Ich brauche Hilfe.

Ich bereue zutiefst all die Dummheiten, die ich Carin ins Gesicht geschrieen habe. Ich will mich aus diesem Zustand befreien und meine Schuldgefühle loswerden.

Ich gehe im Geiste die Schritte durch, um mich mit Carin wieder zu versöhnen:

Schritt 1: Ich will Carin wieder unbefangen gegenübertreten können und die Vergangenheit ruhen lassen. Ich will mein Verhältnis zu ihr ins Reine bringen.

Das ist leicht gesagt, also gehe ich sofort zu Schritt 2 über.

Schritt 2: Ich nehme Kontakt mit einem Teil von mir auf, den ich schätze. Mit meinem »höheren Ich«.

Ich fahre auf den Parkplatz und stelle mein Auto ab. Ich bleibe noch eine Zeit lang sitzen und beruhige mich. Ich atme tief durch und suche in meiner Erinnerung nach Bildern und Situationen, in denen ich im Gleichgewicht, glücklich, souverän und stark war. Nach einer Weile kann ich so ein Bild in aller Ruhe auf mich wirken lassen. Das ist ein wunderbares Gefühl. *So bin ich auch.*

Schritt 3: Ich stelle mir bildlich vor, wie ich im damaligen Konflikt gern reagiert hätte.

Wenn ich spüre, dass ich einen stabilen Kontakt mit meinem »höheren Ich« – mit der Person, die ich eigentlich sein sollte – hergestellt habe, beginne ich, ein Selbstgespräch zu führen:

Ich hätte es vorgezogen, Kay, dass du das Auto in der Nähe des Hauses angehalten hättest ...
(Ich sehe vor mir, wie ich das Auto zirka 50 Meter von unserem Haus entfernt zum Stehen bringe.)

Ich hätte es vorgezogen, Kay, dass du eine Weile hinter dem Lenkrad gesessen und dich beruhigt hättest ...
(Ich sehe vor mir, wie ich eine Zeit lang im Auto sitzen bleibe.)

Ich hätte es vorgezogen, Kay, dass du das Auto gewendet hättest ...
(Ich sehe vor mir, wie ich das Auto wende.)

Ich hätte es vorgezogen, Kay, wenn du zu eurem Haus zurückgefahren wärst ...
(Ich sehe vor mir, wie ich zu unserem Haus zurückfahre.)

Ich hätte es vorgezogen, Kay, wenn du ausgestiegen und zur Haustür gegangen wärst ...
(Ich sehe vor mir, wie ich aussteige und zur Haustür gehe.)

Ich hätte es vorgezogen, Kay, wenn du hinaufgegangen wärst ...
(Ich sehe vor mir, wie ich die Treppe hinaufgehe.)

Ich hätte es vorgezogen, Kay, wenn du die Tür geöffnet hättest, zu Carin gegangen wärst und zu ihr gesagt hättest: »Du hast recht, Carin, so können wir uns doch nicht voneinander verabschieden ...«
(Ich sehe all das deutlich vor mir.)

Ich hätte es vorgezogen, Kay, wenn du sie umarmt hättest ...
(Ich sehe deutlich vor mir, wie wir uns umarmen – und im nächsten Moment zu lachen anfangen!)

Schritt 4: Ich verzeihe mir.

Während ich immer noch im Auto sitze, sage ich im Stillen zu mir:

Ich hätte es vorgezogen, Kay, dass du all das getan hättest. Aus irgendeinem Grund warst du nicht in der Lage dazu. Das verzeihe ich dir!

Ich will, dass du dich jetzt vollkommen davon befreist, sowohl in deiner Beziehung zu Carin als auch zu anderen Menschen. Du bist jetzt frei!

* * *

Jetzt sitze ich allein im Auto, das auf dem Parkplatz steht – und lache! Das ist fantastisch. Ich fühle mich frei. Ich empfinde Dankbarkeit. Ich denke voller Liebe an Carin und an all die Liebe, die sie mir geschenkt hat.

Ich begreife, dass Folgendes vollkommen wahr ist:

Vergebung beseitigt alle Hindernisse, die zwischen mir und einem anderen Menschen stehen.

Ich lasse den Motor an und fahre davon. Meine Stimmung hat sich vollkommen gewandelt. Die Fahrt verläuft ohne Zwischenfälle. Auch die Begegnung, vor der ich Angst hatte, verläuft bestens. Ich bin glücklich und fühle mich frei.

Vielleicht werden Sie sich jetzt fragen, was mit Carin ist. Wie es ihr nach dem Streit erging? Womöglich werden Sie mich jetzt für egoistisch halten, und in gewisser Weise hätten Sie damit auch recht. Doch wenn ich unser Verhältnis kitten wollte, musste ich bei mir selbst anfangen.

Als ich nach Hause kam, war ich nicht mehr derselbe, der ich war, als ich das Haus verließ.

* * *

Beachten Sie, dass ich im Prozess der Vergebung die Wörter »nicht«, »soll« oder »muss« vermieden habe. Wenn ich so bin, wie ich sein sollte, habe ich das nicht nötig. Dann verhalte ich mich stets liebevoll.

Wenn Sie dies selbst ausprobieren wollen, schlage ich vor, dass Sie die beiden Kapitel über Vergebung ein weiteres Mal lesen. Machen Sie sich mit der Technik vertraut. Vergegenwärtigen Sie sich durch das Beispiel, wie wichtig es ist, sich langsam und Schritt für Schritt auf die Begegnung mit der Person vorzubereiten, auf die Sie vor kurzem noch wütend waren. Zuerst sehe ich in Gedanken vor mir, wie ich das Auto zum Stehen bringe … dann wende ich das Auto … stelle es vor meinem Haus ab … Schritt für Schritt nähere ich mich der persönlichen Begegnung an, bis ich mir schließlich selbst vergeben kann.

Wenn Sie dieses Kapitel ein paar Mal gelesen haben, können Sie es mit einem eigenen Beispiel probieren. Nehmen Sie bei den ersten Versuchen gern die Hilfe eines guten Freundes in Anspruch.

Diesen Prozess der Vergebung habe ich vom neuseeländischen Arzt Guy Pettitt gelernt.

Sich für die Freude entscheiden

Sie sind nun beim vorletzten Kapitel dieses Buchs angekommen.

Vielleicht sind auch Sie inzwischen davon überzeugt, dass Sie durch Ihre Gedanken Ihre Gefühle beeinflussen können. Sie allein entscheiden, was Sie denken wollen. Jeder Ihrer Gedanken beeinflusst die 50 Billionen Zellen in Ihrem Körper. Entweder sind es Gedanken, die Sie schwächen, oder es sind Gedanken, die Sie stärken. Durch Ihre Gedanken erschaffen Sie sich stets von Neuem.

Lassen Sie sich für eine Weile Folgendes durch den Kopf gehen:

Jeder Ihrer Gedanken ruft entweder Gefühle der Harmonie, der Ausgeglichenheit und Freude (also des Glücks) hervor oder aber Gefühle der Irritation, der Unlust und des Missmuts (also des Unglücks).

Nehmen Sie diesen Gedanken mit in den Alltag hinein. Machen Sie sich bewusst, wie Ihre Gedanken Ihre Wahrnehmung und Ihre Gefühle beeinflussen.

Können wir uns bewusst für die Hoffnung, für Energie, Geistesgegenwart und Freude entscheiden? Können wir uns für das Glück entscheiden?

Vielleicht sind Sie während der Lektüre der Überzeugung nähergekommen, dass es tatsächlich so ist.

Meine Möglichkeiten, Frieden, Freude und Glück zu empfinden, sind eine Wahl, die ich selbst beeinflussen kann.

* * *

Das nächste Kapitel handelt von drei Brüdern, die sich in einer Extremsituation befanden und sich für Gedanken entschieden, die ihnen das Leben retteten.

Die Dunkelheit besiegen

Vor einigen Jahren habe ich in einem Stockholmer Kino einen Film der schwedischen Filmemacherin Ingela Romare gesehen. Er trug den Titel *Über die Würde der menschlichen Seele*. Nach dem Film hatte das Publikum Gelegenheit, die Hauptperson des Films, den Marokkaner Ali Bourequat, kennenzulernen. Ein Mann mit einem unglaublichen Schicksal.

Ali und seine Brüder wurden an einem Julimorgen des Jahres 1973 in Marokko von der Geheimpolizei festgenommen. Mit verbundenen Augen wurden sie in ein Gefängnis gebracht und dort immer wieder brutal gefoltert. Viereinhalb Jahre lang steckten ihre Hände in Handschellen. Nach fast acht Jahren in verschiedenen Gefängnissen wurden sie im März 1981 in ein entlegenes Geheimgefängnis in der kleinen Stadt Taznamart nahe der algerischen Grenze gebracht. Ali berichtet:

»An diesem Tag hörte unser Leben auf. Sie nahmen uns die Augenbinden ab. Dann wurde jeder von uns in ein schwarzes Loch gestoßen und die Tür verriegelt. Kein Wasser, keine Elektrizität, keine Seife ... nur ein Abortloch im Fußboden und eine Liege aus Stein. Wir bekamen jeder eine Decke und einmal im Jahr ein Hemd und eine Hose.«

Neun Monate des Jahres froren sie. Die Betonwände waren oft von Eis bedeckt. In den Zellen war es stockdunkel. Über der Eisentür befanden sich zwölf runde Löcher in der Wand. Durch diese drang dreimal am Tag für zehn Minuten ein schwaches Licht, wenn die Wächter das Essen austeilten. Ansonsten herrschte ständige Dunkelheit.

Das Essen war das schlimmste, das man sich nur vorstellen kann.

Jeden Tag dasselbe, ohne Salz, ohne Fett. Die Gefangenen waren bald ausgemergelt und krank.

Acht Jahre lang saß Ali in unveränderter Haltung auf seiner steinernen Liege. Er wagte nicht, sich hinzulegen. Denn er wusste, dass er dann keine Kraft mehr haben würde, sich zu erheben und das Essen zu holen, das ihm die Wächter hinstellten. Sein Bruder Midhat blieb sieben Jahre lang auf dem Boden neben der Tür sitzen, in seinen eigenen Exkrementen. Sein anderer Bruder Bayazid saß ebenfalls immer an einer Stelle, vier Jahre lang.

Von den zwölf Gefangenen in diesem Gefängnis starben sieben. Wie haben die drei Brüder es nur geschafft, all diese Jahre in der Hölle zu überleben? Ali erzählt:

»Wir entdeckten eine Methode, um die Dunkelheit zu besiegen, um im Geiste zu entfliehen. Wir sprachen von Dingen, die außerhalb dieser Mauern geschahen. Wir riefen uns verschiedenste Dinge zu, um in Kontakt zu bleiben und unsere Menschlichkeit zu bewahren.«

Indem sie laut riefen, konnten sie ihre Stimmen durch die dicken Mauern hören. Ali erzählte, wie er und seine Brüder sich täglich ihre Fantasien zuriefen. Teils wurden lange Erzählungen daraus. Fantastische Visualisierungen. Sie weigerten sich, ihre Psyche zerstören zu lassen.

»In Gedanken waren wir meistens in Paris. Dort gab es alles: Konzerte, Kinos, Theater ... Wir trafen uns mit Freunden, gingen in Bistros und Restaurants und genossen das Leben. Doch wir reisten auch an andere Orte, gingen am Meer spazieren und so weiter.«

Nach 18 Jahren in Haft kamen die Brüder frei. 1992 schrieb Ali das Buch *Achtzehn Jahre in Einsamkeit*.

Als Ali an diesem Abend in einem Stockholmer Kino von seinen furchtbaren Erlebnissen erzählte, tat er es voller Wärme, Enthusiasmus und Freude über sein wiedergewonnenes Leben. Sein Körper ist gezeichnet. Doch der Mann, den ich vor mir sah, ist frei von Bitterkeit. Ali sagte:

»*Niemand kann einem Menschen seine Würde nehmen. Das ist unmöglich. Doch die Folterer, Henker und Diktatoren wissen nichts davon ... Der Mensch hat Kräfte in sich, von denen er selbst nichts weiß.*«

* * *

Als ich an diesem Abend nach Hause fuhr, war ich von Dankbarkeit erfüllt. Welche unglaubliche Größe ein Mensch doch haben kann. Jetzt weiß ich, dass Folgendes wahr ist:

Ich bestimme selbst über meine Gedanken. Durch meine Gedanken kann ich mich für die Freude entscheiden.

Damit endet dieser Kurs.

Danke, dass Sie diese Seiten gelesen haben.

Ich wünsche Ihnen viel Glück.

Meine Möglichkeiten, Frieden, Freude und Glück zu empfinden, sind eine Wahl, die ich selbst beeinflussen kann.

ENDE

Impressum
© der deutschen Erstausgabe 2008 by Südwest Verlag, einem Unternehmen der Verlagsgruppe Random House GmbH, 81673 München
© Kay Pollak
Erstveröffentlichung by Hansson & Pollak, Schweden 2001
Veröffentlicht unter Vermittlung der Loud Literary Agency, Schweden
Originaltitel: Att välja glädje

Alle Rechte vorbehalten. Nachdruck – auch auszugsweise – nur mit Genehmigung des Verlags.

Quellennachweis
S. 2: Viktor E. Frankl, ... trotzdem Ja zum Leben sagen, Kösel-Verlag in der Verlagsgruppe Random House, München 9. Auflage 2005
S. 145: Marianne Williamson, Rückkehr zur Liebe. Harmonie, Lebenssinn und Glück durch »Ein Kurs in Wundern«, Arkana Verlag München in der Verlagsgruppe Random House GmbH, München © 1993, Übersetzung: Susanne Kahn-Ackermann

Bildnachweis
U1: Mauritius Images/Rainer Mirau, Mittenwald; © Prokino 2005, München

Wir danken Prokino, München für die freundliche Unterstützung.
Der Film »Wie im Himmel« ist als DVD erhältlich.

Verlagsgruppe Random House FSC-DEU-0100
Das für dieses Buch verwendete FSC-zertifizierte Papier Munken Print *Cream* liefert Arctic Paper Munkedals AB, Schweden.

Redaktion: Diane Zilliges
Projektleitung: Sven Beier
Redaktionsleitung: Karin Stuhldreier
Herstellung: Sonja Storz
Satz: Filmsatz Schröter, München
Umschlag und Konzeption: R. M. E. Eschlbeck/Kreuzer/Botzenhardt
Druck und Bindung: Ebner und Spiegel, Ulm
Printed in Germany

ISBN 978-3-517-08388-9

817 2635 4453 6271